MUSÉE NATIONAL DU LUXEMBOURG

PEINTURES & SCULPTURES

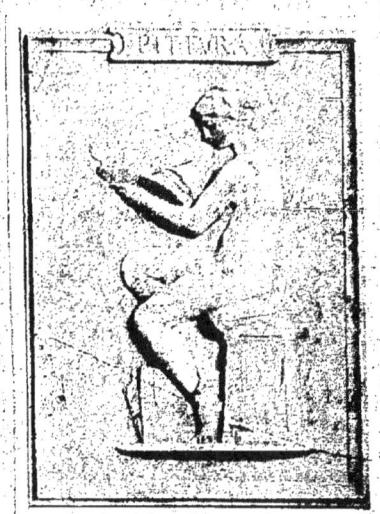

Gaston BRAUN
ÉDITEUR OFFICIEL DES MUSÉES NATIONAUX
PARIS — 18, RUE LOUIS-LE-GRAND

Léonce BÉNÉDITE
Conservateur du Musée National du Luxembourg.

CATALOGUE SOMMAIRE

DES

PEINTURES ET SCULPTURES

DE L'ÉCOLE CONTEMPORAINE

EXPOSÉES DANS LES GALERIES

DU

MUSÉE NATIONAL DU LUXEMBOURG

Gaston BRAUN
ÉDITEUR OFFICIEL DES MUSÉES NATIONAUX
PARIS — 18, RUE LOUIS-LE-GRAND

AVERTISSEMENT

Le Musée du Luxembourg est ouvert :

Du 1er octobre au 30 mars, de 10 heures du matin à 4 heures du soir ; du 1er avril au 30 septembre, de 9 heures du matin à 5 heures du soir ; les dimanches, en toute saison, de 10 heures du matin à 4 heures du soir.

Le Musée est fermé au public et aux artistes :

Tous les lundis, sans exception, pour travaux intérieurs.

Le 1er janvier invariablement.

Le Jeudi de l'*Ascension* et le *14 juillet* invariablement.

Les *Jours de l'Assomption*, de la *Toussaint* et de *Noël*, à moins que ces fêtes ne tombent un dimanche.

Le Musée est ouvert aux artistes autorisés à travailler dans les galeries, dès l'heure de l'ouverture des salles, suivant la saison, jusqu'à 2 heures de l'après-midi (dimanches et lundis exceptés).

Les cartes de travail sont délivrées sur demande d'autorisation adressée à M. le Conservateur du Musée, conformément au règlement spécial.

Les photographes spécialement autorisés à opérer dans les galeries ne sont admis que les lundis toute la journée.

*
* *

École du Louvre. — *Cours d'histoire des arts au XIXe siècle.* M. Léonce Bénédite, Conservateur du Musée national du Luxembourg, professeur.

Les cours ont lieu de janvier à juin inclusivement, les *lundis à 5 heures* dans les locaux de l'*Ancien Séminaire Saint-Sulpice*.

Les inscriptions, comme *élève* ou comme *auditeur*, sont reçues au secrétariat de l'École du Louvre, Palais du Louvre, et au Musée du Luxembourg.

*
* *

Explication des abréviations employées dans le catalogue :

H................	hauteur
L................	largeur
Fig...............	figure
Demi-nat..........	demi-nature
Pet. nat...........	petite nature
Plus gr. que nat......	plus grand que nature

INTRODUCTION

Le Musée du Luxembourg est consacré aux ouvrages des artistes contemporains. Il comprend toutes les manifestations des arts tant en France qu'à l'étranger. Il continue, à la date où il s'arrête, l'enseignement qui est donné par le Louvre pour les époques antérieures.

Mais ce n'est que progressivement qu'il en a reçu cette mission définitive. Son histoire, pour être la plus ancienne des musées de France, témoigne, en effet, des vicissitudes par lesquelles a passé cette institution.

Le Musée du Luxembourg, depuis ses origines, a traversé deux périodes distinctes : la première, qui ne nous intéresse plus qu'à un point de vue historique, s'étend, malgré une lacune de quelques années (1780 à 1802), de l'ouverture des collections royales au public jusqu'en 1815. Le Luxembourg ne comprenait alors que des ouvrages d'art ancien qui devaient aller, à deux reprises différentes, former puis enrichir le Louvre. La deuxième période qui commence avec l'affectation du Musée aux ouvrages des artistes vivants, en 1818, se poursuit actuellement.

1re PÉRIODE. Le 14 octobre 1750, les galeries du Luxembourg furent ouvertes pour la première fois au public par

M. de Tournehem, directeur des Bâtiments du roi, sur le vœu d'un critique, La Font de Saint-Yenne qui avait réclamé, dans un opuscule paru en 1747 : *Réflexions sur quelques causes de l'état présent de la peinture en France*, que les collections royales conservées à Versailles fussent exposées publiquement pour le plus grand profit des artistes, des amateurs et des étrangers.

La Galerie du Luxembourg, lorsque ce vœu fut exaucé, comprenait une partie des tableaux du Cabinet du roi, entre autres la grande et magnifique série de l'Histoire de Marie de Médicis, placée désormais au Louvre, qui avait été exécutée pour la décoration de la galerie droite, aujourd'hui détruite, du palais de Marie de Médicis, et divers ouvrages de Raphaël, de Véronèse, du Corrège, d'André del Sarte, de Claude Lorrain, de Rembrandt, de Van Dyck, etc., en tout 96 tableaux.

On y était admis les mercredis et samedis de 10 heures du matin à 1 heure du soir en hiver et de 4 heures à 7 heures du soir en été.

Cette exposition dura sans grands changements si ce n'est quelques additions jusqu'en 1780. Mais le Luxembourg, venant d'être attribué en apanage à Monsieur, comte de Provence, frère du roi — plus tard Louis XVIII — on retira du Palais, devenu possession privée, tous les tableaux, qui étaient biens de la Couronne, y compris les décorations de Rubens pour la grande Galerie. Ils furent tous transférés au Louvre pour assurer le fonds du futur Musée qu'on rêvait de créer dans ce palais.

Une lacune de vingt ans se produit alors dans l'histoire

de notre Musée. Le palais, depuis longtemps, était tombé dans un état de dégradation qui nécessitait des réparations importantes. Elles ne furent entreprises qu'en 1795, lorsque le Directoire Exécutif eut pris possession de ces locaux, et ne furent terminées, après une suspension de quelques années, qu'en 1804.

Mais, dès 1801, sur la demande des Préteurs du Sénat, Chaptal, alors ministre de l'Intérieur, avait décidé la création du Musée du Luxembourg. Le 18 janvier 1802, Jean Naigeon, bien connu par les services qu'il avait rendus comme membre de la Commission des arts en 1791, fut nommé Conservateur et chargé d'organiser le nouveau Musée. Il s'acquitta de cette mission aussi heureusement que des précédentes et réunit un certain nombre de tableaux anciens de Raphaël, de Rubens, de Rembrandt, de Philippe de Champaigne, de Van de Velde, la collection des tableaux exécutés sur *la Vie de saint Bruno* par E. Le Sueur pour le cloître des Chartreux, les *Ports de France* de Joseph Vernet, etc., etc.

Le Musée, ainsi constitué, fut ouvert en 1803. C'était comme une annexe au Musée du Louvre ou au Musée de l'École française établi à Versailles. Il n'avait pas de rôle personnel, de mission spéciale. Il n'avait pas été créé avec d'autre but que de conserver un Musée au quartier de la Rive Gauche et à la Haute Assemblée du Sénat. Il n'eut pas, du reste, la vie très longue et son développement fut interrompu brusquement en 1815.

2ᵉ PÉRIODE. A cette date, en effet, il fallut restituer aux nations alliées contre la France et dont les armées se retiraient à peine de notre sol, le butin artistique ramassé par nos conquêtes et assuré par des traités, qui était venu enrichir le Louvre. Les douloureuses lacunes de la Grande Maison furent comblées par le Luxembourg. Une nouvelle fois, il lui versait tous ses trésors. Ce fut la fin de l'ancien Musée.

En 1818, toutefois, le roi Louis XVIII, voulant remplacer autant que possible dans le palais de la Chambre des Pairs « un Musée qui contribuait à son importance et vivifiait le quartier du Luxembourg », décidait par une ordonnance royale la formation, dans le même local, d'un *Musée destiné aux artistes vivants*. C'est la véritable date de la fondation de notre Musée moderne.

Naigeon s'employa avec le même zèle à la réunion de ces collections nouvelles et, le 24 avril 1818, le Musée du Luxembourg fut ouvert avec sa destination définitive. Il comprenait alors 74 tableaux d'artistes vivants et conservait encore 17 tableaux d'artistes anciens qui furent retirés en 1821.

Cette collection, d'abord incomplète, s'enrichit rapidement. En même temps le rôle et les attributions du Luxembourg s'étendirent. Restreinte, au début, à la peinture et à quelques rares sculptures qui décoraient les vestibules et ne comprenant que des ouvrages d'artistes nationaux, cette Galerie ne formait guère alors qu'une exposition permanente des meilleurs ouvrages acquis par l'Etat. Grâce aux efforts éclairés des Conservateurs éminents qui s'y succédèrent : Frédéric Villot, Conservateur des peintures du Louvre, qui fut chargé de sa réorganisation en 1849, le marquis Philippe de Chennevières (Conservateur de 1863 à 1879), l'illustre statuaire Paul Dubois, qui suppléa à partir de 1874 Ph. de Chennevières appelé à la direction des Beaux-Arts, mais qui n'avait pas voulu abandonner son poste du Luxembourg ; Etienne Arago (1879-1892), les collections du Luxembourg devaient prendre, plus tard, le caractère d'un véritable Musée dont l'enseignement embrasserait désormais toute une période de l'histoire de l'art moderne, dans ses manifestations les plus diverses et à travers toutes les nations.

Jusqu'en 1848 le Musée du Luxembourg avait relevé plus ou moins directement de la Chambre des Pairs. Jusqu'en 1886, il resta établi dans le palais de Marie de Médicis, où il avait été fondé. A cette date, il dut céder la place au Sénat qui, après avoir tenu ses séances à Versailles de 1876 à 1879, prenait possession du Luxembourg le 23 juillet de cette dernière année et se trouvait bientôt à l'étroit en raison du développement des travaux législatifs.

Les collections nationales de l'art contemporain furent donc transférées par les soins de la Haute Assemblée dans l'Orangerie du Luxembourg, aménagée à titre provisoire en Musée et inaugurée le 1er avril 1886, par M. Jules Grévy, président de la République.

Une décision du Conseil des Ministres, que ne tardera pas à ratifier un vote du Parlement, va faire cesser cette situation « provisoire », en affectant les locaux de l'ancien Séminaire Saint-Sulpice à notre grand Musée moderne.

NOTE

Le présent Catalogue, pour être mis plus aisément à la portée du public, ne comprend que les PEINTURES et les SCULPTURES. Tout au plus une cinquantaine de pastels et aquarelles, qui ont pu être exposés dans les salles de peinture, ont-ils été numérotés à la suite, en raison de leur importance.

De même, pour la section de peinture étrangère, bien que tous les ouvrages soient inscrits dans cette notice, leur exposition n'a lieu qu'au moyen d'un roulement entre écoles (école anglaise, école américaine, école belge) ou groupements d'écoles (écoles italienne et espagnole, écoles allemande, suisse, scandinave, etc.).

Enfin un certain nombre d'ouvrages figurent au Catalogue, à titre d'indication pour la commodité des recherches, bien qu'ils ne soient pas exposés momentanément ; ils sont désignés par un astérisque (*).

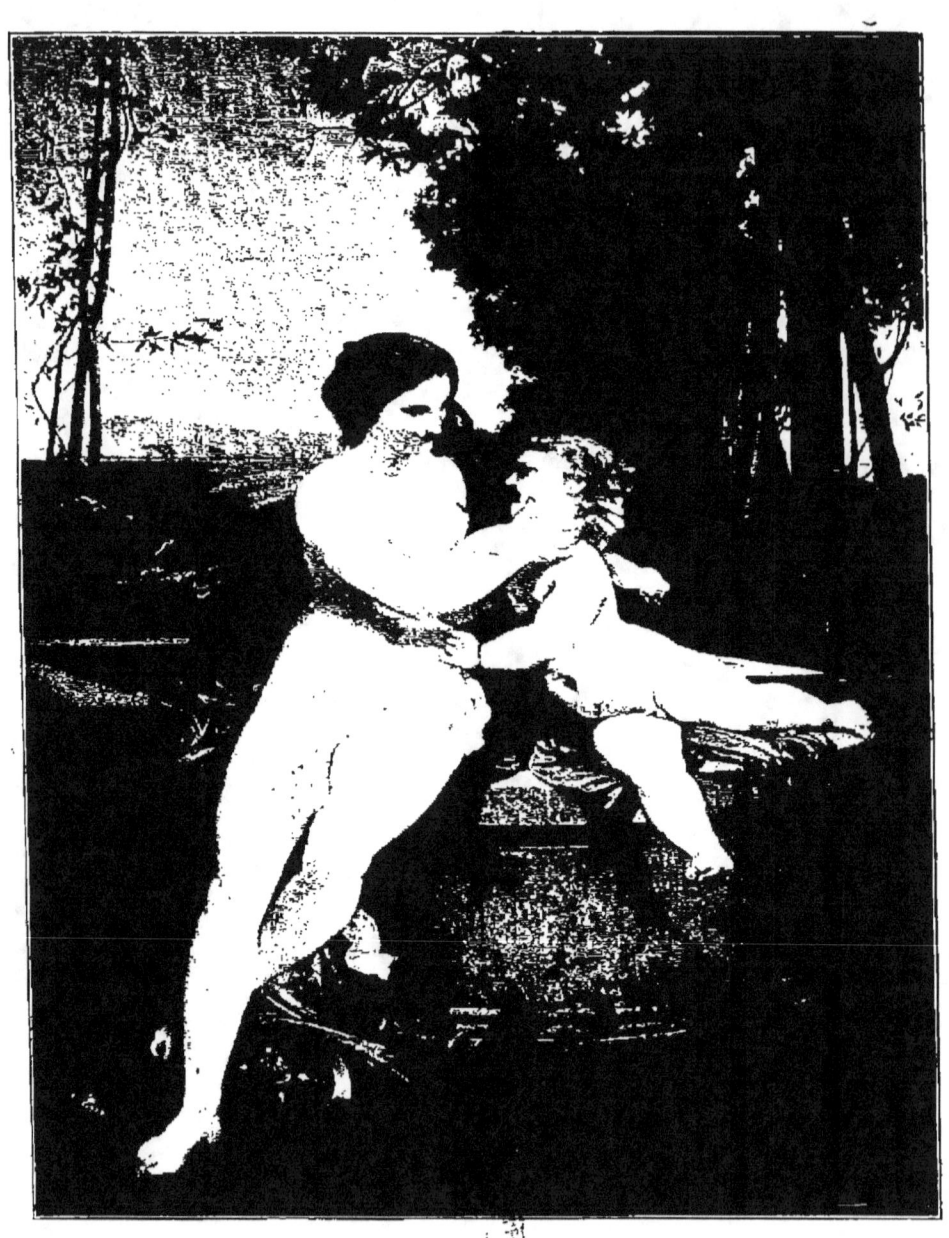

16. Paul BAUDRY. — *La Fortune et le jeune enfant.*

CATALOGUE DES OBJETS
EXPOSÉS

PEINTURE

I. ÉCOLE FRANÇAISE

ACHARD (Jean-Alexis). Voreppe (Isère), 1807 ; Grenoble, 1884.
    1. *Les Vaux de Cernay.*   H., 0 m 30 ; L., 0 m 47.
    Don de M. H. Harpignies.

ADAN (Émile). Né à Paris.
    2. *La fille du passeur.*   H., 1 m 34 ; L., 2 m 21.

ADLER (Jules). Né à Luxeuil (Haute-Saône).
    3. *Les Haleurs.*   H., 1 m 42 ; L., 2 m 00.

AGACHE (Alfred). Né à Lille.
    4. *Portrait de femme ; étude.*   H., 0 m 60 ; L., 0 m 47.

AMAN-JEAN (Edmond). Né à Chevry-Cossigny (Seine-et-Marne).
    5. *Portrait de Mme Aman-Jean.*   H., 1 m 08 ; L., 0 m 88.

BAIL (Joseph). Né à Limonest (Rhône).

   6. *La Ménagère.*   H., 1 m 36 ; L., 1 m 11.

BARAU (Émile). Né à Reims.

   7. *Sur la Suippes.*   H., 1 m 73 ; L., 2 m 63.
   8. *Vue prise de la butte, à Châlons-sur-Vesle.*
                                  H., 0 m 90 ; L., 0 m 65.

BARILLOT (Léon). Né à Montigny-les-Metz (Lorraine).

   9. *Bergères lorraines.*   H., 0 m 89 ; L., 1 m 18.

BARRIAS (Félix). Paris, 1822-1907.

   10. *Les Exilés de Tibère.*   H., 2 m 53 ; L., 4 m 10.

BASCHET (Marcel). Né à Gagny (Seine-et-Oise).

   11. *Portrait de Mme G. Pierné.* H., 1 m 07 ; L., 1 m 07.

BASTIEN-LEPAGE (Jules). Damvillers (Meuse), 1848 ; Paris, 1884.

   12. *Les Foins.*   H., 1 m 80 ; L., 1 m 95.
   13. *Portrait de Simon Hayem.* H., 1 m 02 ; L., 0 m 79.
      Don Charles Hayem.
   14. *Portrait d'Adolphe Frank.* H., 0 m 55 ; L., 0 m 48.
      Don Charles Hayem.

BAUDIN (Eugène). Né à Lyon.

   15. *Fleurs.*   H., 0 m 65 ; L., 0 m 54.

BAUDRY (Paul). La Roche-sur-Yon (Vendée), 1828 ; Paris, 1886.

   16. *La Fortune et le jeune enfant.*
                                  H., 1 m 94 ; L., 1 m 48.

17. *La Vérité.* H., 0 m 74 ; L., 0 m 49.
Legs de la comtesse de Beaumont-Castries.
18. *Portrait de A. Peyrat, sénateur.*
H., 1 m 22 ; L., 0 m 87.
Don de la marquise Arconati-Visconti.
19. *Portrait de Madeleine Brohan.*
H., 1 m 07 ; L., 0 m 83.
20. *Portrait du peintre V. Giraud.*
H., 0 m 72 ; L., 0 m 60.
Legs de la princesse Mathilde.
21. *Portrait de Jane Eisler.* H., 0 m 70 ; L., 0 m 60.
Legs de M. Kœklin-Schwartz.

BAZILLE (Frédéric). Montpellier, 1846 ; Paris, 1870.

22. *Réunion de famille.* H., 1 m 52 ; L., 2 m 27.
Acquis avec la participation de M. Marc Bazille.
23. *Paysage.* H., 0 m 59 ; L., 0 m 73.
Don de Fantin-Latour.

BELLANGER (Camille). Né à Paris.

24. *Abel.* H., 1 m 00 ; L., 2 m 17.

BELLERY-DESFONTAINES (Henri). Paris, 1866 ; Les Petites-Dalles, 1909.

25. *Portrait du peintre Henri Martin*.*
- H., 1 m 12 ; L., 1 m 50.
Don de M. Henri Martin.

BENNER (Emmanuel). Mulhouse, 1836 ; Nantes, 1896.

26. *Saint Jérôme.* H., 0 m 72 ; L., 2 m 02.
Donné par un groupe d'Alsaciens.

BENNER (Jean). Mulhouse, 1836 ; Paris, 1906.

    27. *Capri.*   H., 0 m 39 ; L., 0 m 56.

BÉRAUD (Jean). Né à Pétersbourg de parents français.

    28. *Le défilé.*   H., 0 m 71 ; L., 0 m 92.

BERNARD (Émile). Né à Lille.

    29. *Fumeuse de haschich.*   H., 0 m 86 ; L., 1 m 14.

BERNIER (Camille). Colmar, 1823 ; Paris, 1902.

    30. *Janvier (Bretagne).*   H., 1 m 04 ; L., 1 m 74.

BERTEAUX (Hippolyte). Né à Saint-Quentin (Aisne).

    31. *Dernier retour.*   H., 2 m 53 ; L., 3 m 83.

BERTON (Armand). Né à Paris.

    32. *Chez elle.*   H., 1 m 90 ; L., 1 m 17.

BESNARD (Albert). Né à Paris.

    33. *Femme qui se chauffe.*   H., 0 m 90 ; L., 0 m 73.
    34. *Entre deux rayons.*   H., 1 m 00 ; L., 0 m 81.
    35. *Le port d'Alger au crépuscule.*
                                        H., 1 m 00 ; L., 0 m 80.
    36. *La morte.*   H., 0 m 38 ; L., 0 m 46.
        Don de M. Schweisguth.
    37-38. *2 panneaux décoratifs.*   H., 1 m 13 ; L., 1 m 00.
                                        H., 1 m 13 ; L., 1 m 05.
        Legs Maciet.

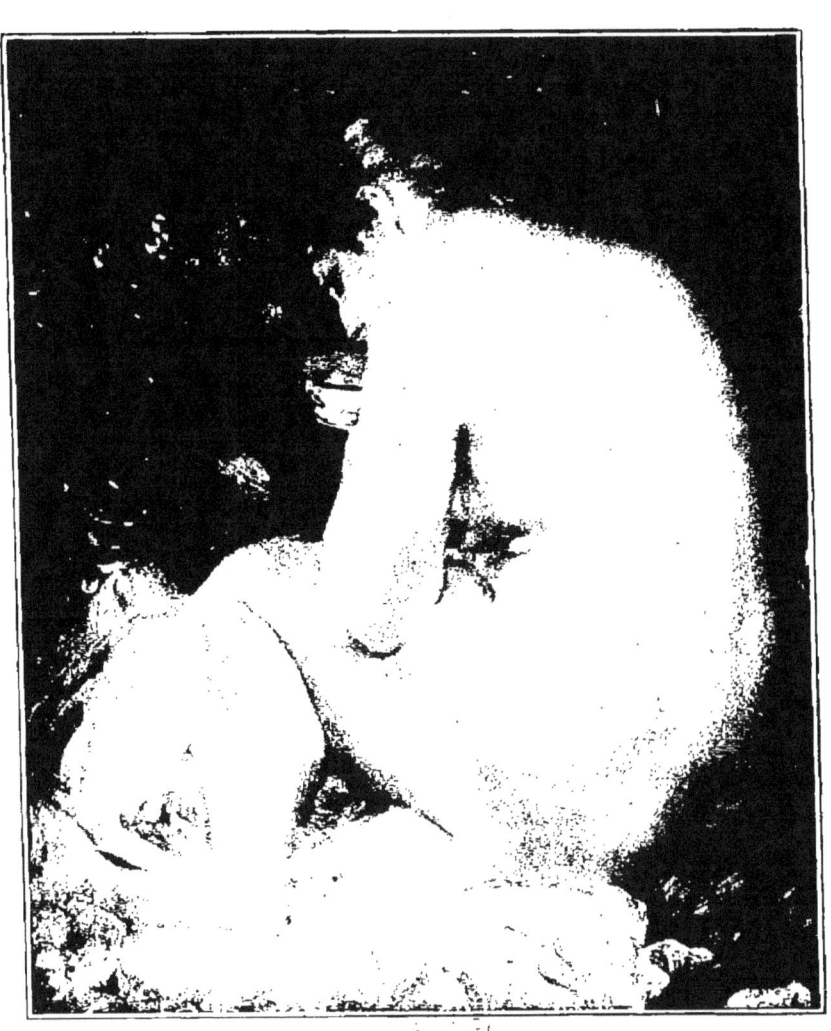
33. Albert BESNARD. — Femme qui se chauffe.

BESSET (Cyrille). Saint-Sernin-du-Plain (Saône-et-Loire), 1861 ; Nice, 1902.

   39. *Route blanche en Provence.* H., 0 m 55 ; L., 0 m 74.

BILLOTTE (René). Né à Tarbes.

   40. *La neige à la porte d'Asnières.*

                                      H., 0 m 59 ; L., 0 m 80.

BILOUL (Louis). Né à Paris.

   41. *Après le bain.*   H., 1 m 38 ; L., 1 m 68.

BINET (Victor). Né à Rouen.

   42. *Usines à Rouen.*   H., 1 m 16 ; L., 0 m 73.
   43. *Derrière la ferme.*   H., 0 m 32 ; L., 0 m 40.

BLANCHE (Jacques). Né à Paris.

   44. *Portrait de Paul Adam.*   H., 0 m 98 ; L., 0 m 73.
   45. *La famille du peintre Thaulow.*

                                      H., 1 m 80 ; L., 2 m 00.
   46. *Fleurs.*   H., 0 m 57 ; L., 0 m 45.
   47. *Le salon rose.*   H., 0 m 56 ; L., 0 m 47.

BOMPARD (Maurice). Né à Rodez.

   48. *Prière à la Madone.*   H., 1 m 25 ; L., 0 m 85.

BONHEUR (Rosa). Bordeaux, 1822- ; By (Seine-et-Marne), 1899.

   49. *Labourage nivernais.*   H., 1 m 32 ; L., 2 m 00.
   50. *Étude de cheval.*   H., 0 m 82 ; L., 1 m 00.
     Don de Mlle Anna Klumpke.

BONNAT (Léon). Né à Bayonne.

    51. *Léon Cogniet.*   H., 1 m 24 ; L., 1 m 07.
    Donné par Mme veuve Cogniet et par l'auteur.
    52. *Le cardinal Lavigerie.*   H., 2 m 39 ; L., 1 m 64.
    53. *Job.*   H., 1 m 62 ; L., 1 m 30.
    Don de l'auteur.
    54. *Pays basque (Saint-Jean-de-Luz).*
                                           H., 1 m 40 ; L., 1 m 95.

BONVIN (François). Paris, 1817 ; Saint-Germain-en-Laye, 1887.

    55. *L'Ave Maria.*   H., 0 m 82 ; L., 1 m 02.
    56. *Le réfectoire.*   H., 0 m 45 ; L., 0 m 56.
    57. *La fontaine*.*   H., 0 m 74 ; L., 0 m 61.

BORDES (Ernest). Né à Pau.

    58. *Le laboureur et ses enfants.*   H., 1 m 26 ; L., 1 m 62.

BOUDIN (Eugène). Honfleur, 1824 ; Deauville, 1898.

    59. *Le port de Bordeaux.*   H., 0 m 72 ; L., 1 m 01.

BOUDOT (Léon). Né à Besançon.

    60. *La saison dorée.*   H., 2 m 43 ; L., 1 m 63.

BOUGUEREAU (William). La Rochelle, 1825 ; Paris, 1905.

    61. *Le corps de sainte Cécile apporté dans les catacombes.*
                                           H., 3 m 41 ; L., 4 m 28.
    62. *La Jeunesse et l'Amour.*   H., 1 m 92 ; L., 0 m 88.
    Donné par Me Acloque.
    63. *Vierge consolatrice.*   H., 2 m 06 ; L., 1 m 50.

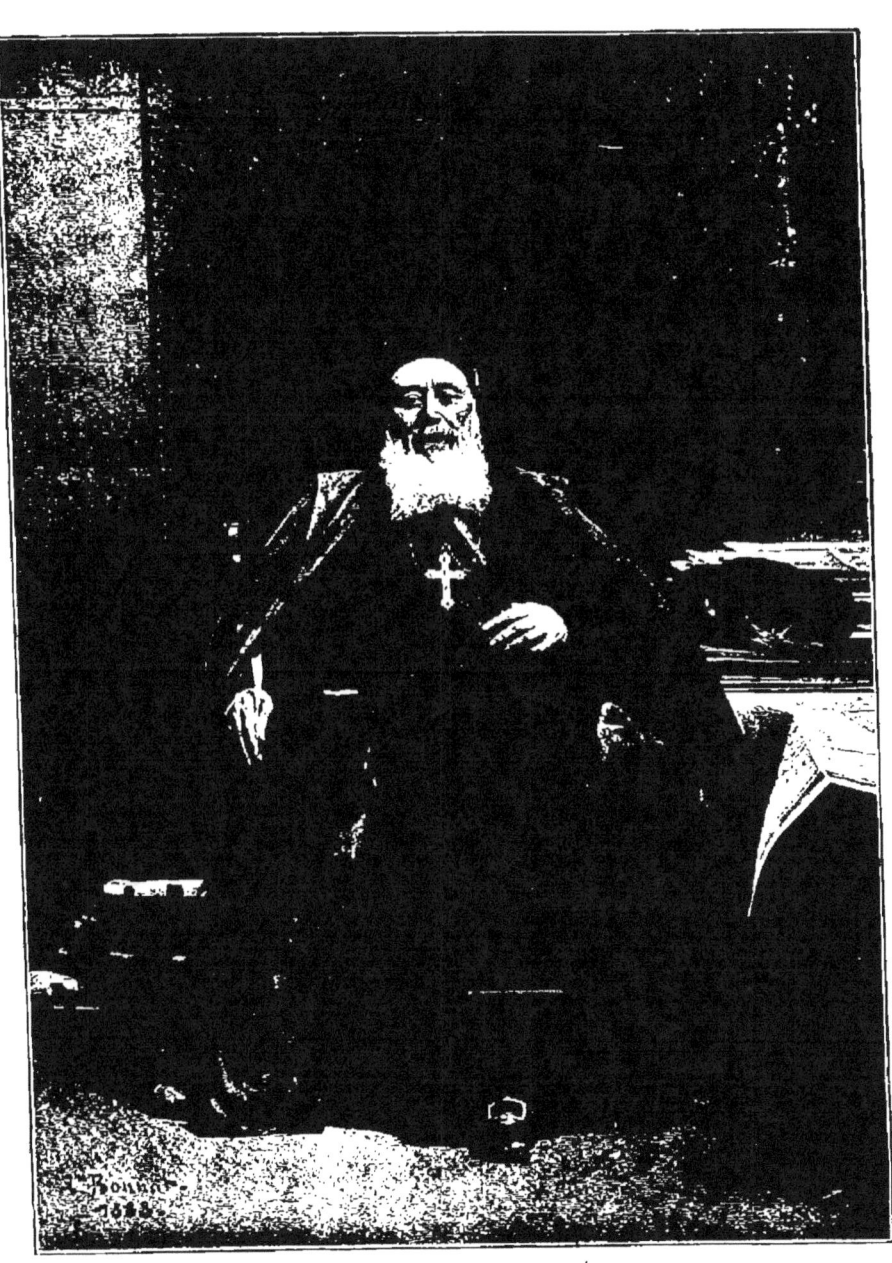

52. Léon BONNAT. — Le cardinal Lavigerie.

BOULARD (Auguste). Paris, 1825-1897.
    64. *L'enfant du pêcheur.*   H., 0 m 46; L., 0 m 39.
    65. *Petite fille aux cerises.*   H., 0 m 41; L., 0 m 31.
    66. *Portrait du père de l'artiste.*
                                      H., 0 m 65 ; L., 0 m 54.

BOULARD (Émile). Né à Champagne (Seine-et-Oise).
    67. *Les Falaises à Sotteville.*   H., 0 m 91 ; L., 1 m 29.

BRACQUEMOND (Félix). Né à Paris.
    68. *Portrait de Mme Paul Meurice.*
                                      H., 1 m 26 ; L., 1 m 00.
    Legs de M. Paul Meurice.

BRANDON (Édouard). Paris, 1831-1897.
    69. *Le Sermon du jeûne d'Ab (synagogue d'Amsterdam).*
                                      H., 0 m 21 ; L., 0 m 46.

BRÉAUTÉ (Albert). Né à Paris.
    70. *L'ouvrière.*   H., 1 m 18 ; L., 1 m 55.

BRETON (Émile). Courrières, 1831-1902.
    71. *La chute des feuilles.*   H., 1 m 10 ; L., 1 m 55.

BRETON (Jules). Courrières, 1827 ; Paris, 1906.
    72. *La bénédiction des blés.*   H., 1 m 28 ; L., 3 m 18.
    73. *Le rappel des glaneuses.*   H., 0 m 90 ; L., 1 m 76.
    74. *La glaneuse.*   H., 2 m 30 ; L., 1 m 25.

BROUILLET (André). Né à Charroux (Vienne).
    75. *Portrait de Mme X...*   H., 0^m 65 ; L., 0^m 54.
    76. *Intimité.*   H., 1^m 50 ; L., 1^m 78.

BROWN (John-Lewis). Bordeaux, 1829 ; Paris, 1890.
    77. *Before the Start.*   H., 0^m 61 ; L., 0^m 50.

BUFFET (Paul). Né à Paris.
    78. *Paysage.*   H., 0^m 45 ; L., 0^m 78.

BULAND (Eugène). Né à Paris.
    79. *Tireurs d'arbalète.*   H., 1^m 50 ; L., 1^m 00.

BURGAT-CHARVILLON (Eugène). Manigod (Haute-Savoie), 1844 ; Paris, 1911.
    80. *Fileuse.*   H., 0^m 50 ; L., 0^m 42.

BUSSON (Charles). Montoire (Loir-et-Cher), 1822 ; Paris, 1908.
    81. *Commencement de crue sur le Loir.*
         H., 1^m 65 ; L., 2^m 35.

BUTIN (Ulysse). Saint-Quentin (Aisne), 1838 ; Paris, 1883.
    82. *Enterrement d'un marin, à Villerville (Calvados)* *.
         H., 1^m 30 ; L., 2^m 28.

CABANEL (Alexandre). Montpellier, 1814 ; Paris, 1889.
    83. *Portrait de M. Armand, architecte.*
         H., 1^m 75 ; L., 1^m 27.
    84. *La naissance de Vénus.*   H., 1^m 30 ; L., 2^m 35.

CABIÉ (Louis). Né à Dol.
    85. *L'approche de l'orage.*   H., 1 m 50 ; L., 2 m 00.

CAILLEBOTTE (Gustave). Paris, 1848 ; Gennevilliers, 1894.
    86. *Les raboteurs de parquet.*   H., 1 m 02 ; L., 1 m 46.
    87. *Toits sous la neige.*   H., 0 m 64 ; L., 0 m 82.

CANCARET (Jacques). Né à Clessy (Saône-et-Loire).
    88. *Lassitude.*   H., 1 m 22 ; L., 1 m 85.
    Don de la Société des Amis du Luxembourg.

CARO-DELVAILLE (Henry). Né à Bayonne.
    89. *Ma femme et ses sœurs.*   H., 1 m 68 ; L., 2 m 10.

CAROLUS-DURAN (E.-Auguste). Né à Lille.
    90. *La Dame au gant.*   H., 2 m 28 ; L., 1 m 64.
    91. *Le poète à la mandoline.*   H., 0 m 90 ; L., 0 m 74.
    Don de l'auteur.
    92. *Le vieux lithographe.*   H., 1 m 20 ; L., 0 m 84.
    93. *Mme Feydeau et ses enfants.*   H., 1 m 90 ; L., 1 m 25.
    94. *Lilia.*   H., 0 m 90 ; L., 0 m 74.
    95. *Portrait du peintre Français.*
         H., 0 m 49 ; L., 0 m 56.
    96. *Les pommiers.*   H., 0 m 72 ; L., 0 m 90.

CARRIÈRE (Eugène). Gournay-sur-Marne, 1849 ; Paris, 1906.
    97. *Maternité.*   H., 1 m 55 ; L., 1 m 86.
    98. *La Famille.*   H., 1 m 24 ; L., 2 m 19.

99. *Le Christ en croix.* H., 2 m 26; L., 1 m 30.
  Offert par un groupe d'admirateurs et d'amis, avec la participation de l'État.

100. *Tendresse.* H., 1 m 30; L., 0 m 96.
  Offert par un groupe d'admirateurs et d'amis.

101. *Verlaine.* H., 0 m 61; L., 0 m 50.
  Acquis avec la participation de la Société des Amis du Luxembourg.

102. *Portrait de l'artiste,* 1903. H., 0 m 46; L., 0 m 36.
  Don de M. Fenaille.

CAYRON (Jules). Né à Paris.

103. *Portrait de Mme J. C...* H., 0 m 95; L., 0 m 72.

CAZIN (Jean-Charles). Samer (Pas-de-Calais), 1841; Le Lavandou, 1901.

104. *Ismaël.* H., 2 m 52; L., 2 m 00.

105. *Terrain de culture en Flandre.*
  H., 0 m 55; L., 0 m 65.

106. *Paysage de neige.* H., 0 m 39; L., 0 m 45.
  Don Ch. Hayem.

107. *Chambre mortuaire de Léon Gambetta.*
  H., 0 m 38; L., 0 m 47.

CÉZANNE (Paul). Aix-en-Provence, 1839-1906.

108. *L'Estaque.* H., 0 m 58; L., 0 m 72.

109. *Cour de village à Auvers.* H., 0 m 63; L., 0 m 52.
  Legs Caillebotte.

CHABAS (Paul). Né à Nantes.

110. *Au crépuscule.* H., 1 m 60; L., 1 m 15.

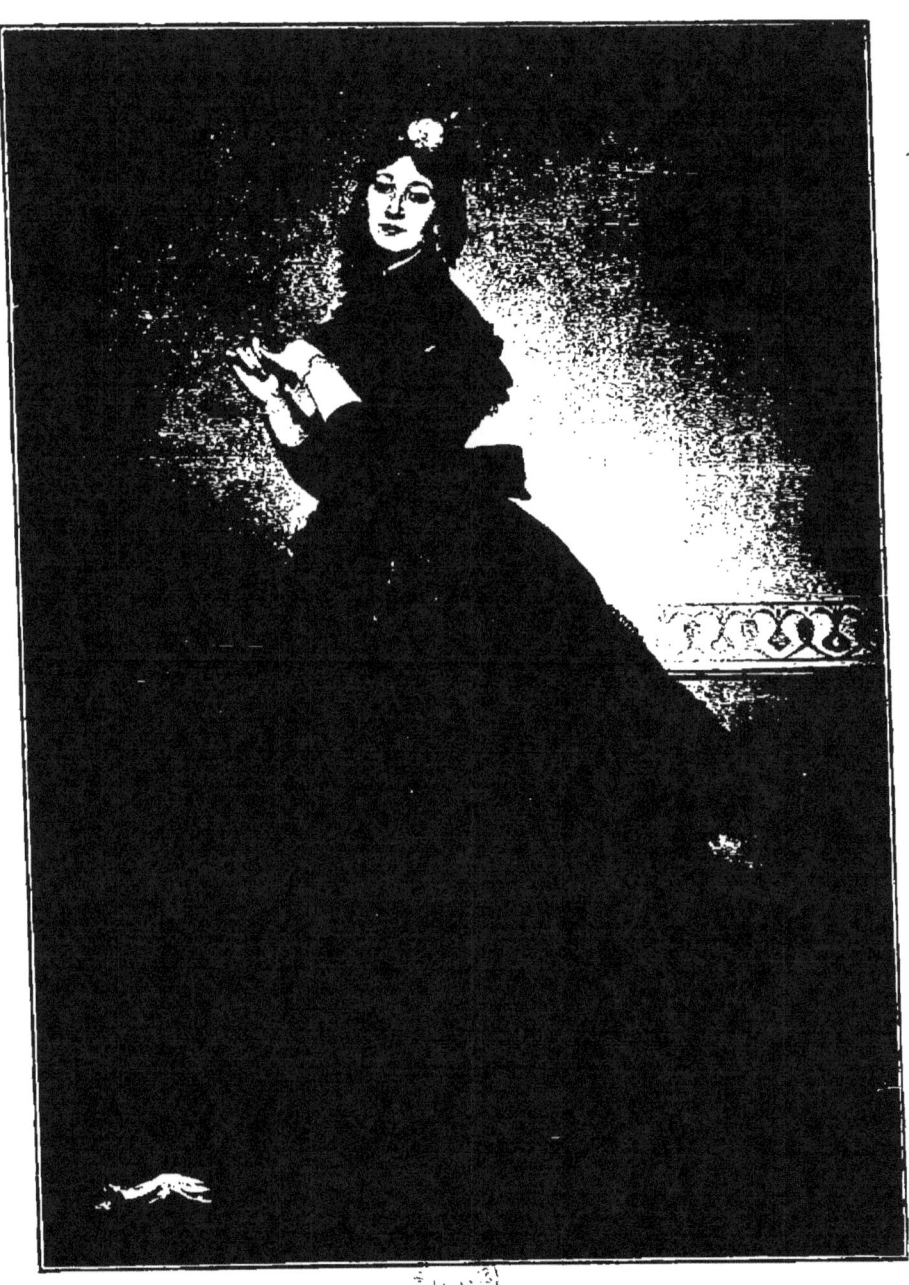

90. CAROLUS-DURAN. — *La Dame au gant*.

CHAIGNEAU (Ferdinand). Bordeaux, 1830; Barbizon, 1906.
    111. *Troupeau au clair de lune.* H., 0 m 43 ; L., 0 m 50.

CHAPLIN (Charles). Les Andelys (Eure), 1825 ; Paris, 1891.
    112. *Souvenirs.* H., 0 m 72 ; L., 0 m 50.
    113. *Jeune fille tenant un chat.* H., 0 m 78 ; L., 0 m 50.

CHARNAY (Armand). Né à Charlieu.
    114. *Château-Morand.* H., 0 m 25 ; L., 0 m 35.
    115. *Sortie de la messe.* H., 0 m 25 ; L., 0 m 35.

CHENAVARD (Paul). Lyon, 1808-1895.
    116. *Divina tragœdia*.* H., 4 m 00 ; L., 5 m 50.

CHIGOT (Eugène). Né à Valenciennes.
    117. *Tendresses nocturnes.* H., 0 m 75 ; L., 0 m 94.

CHUDANT (Adolphe). Né à Besançon.
    118. *Soir de lune sur l'oasis.* H., 0 m 80 ; L., 0 m 86.

COLIN (Gustave). Arras, 1828 ; Paris, 1910.
    119. *Bohémiennes.* H., 0 m 46 ; L., 0 m 54.
    120. *Paysage.* H., 1 m 52 ; L., 2 m 20.

COLLIN (Raphael). Né à Paris.
    121. *Floréal.* H., 1 m 10 ; L., 1 m 85.

COMERRE (Léon). Né à Trélon (Nord).
    122. *L'araignée.* H., 1 m 50 ; L., 1 m 50.

CONSTANT (Benjamin). Paris, 1845-1902.

    123. *Les derniers rebelles.*   H., 1 m 72; L., 3 m 45.
    124. *La justice du Chérif.*   H., 3 m 74; L., 6 m 60.
    125. *Portrait du fils de l'artiste.* H., 1 m 15; L., 0 m 86.
    126. *Portrait de la « tante Anna ».*
                              H., 0 m 56; L., 0 m 44.

CORMON (Fernand). Né à Paris.

    127. *Caïn.*   H., 3 m 84; L., 7 m 00.
    128. *La Forge.*   H., 0 m 70; L., 0 m 90.
    129. *Portrait du peintre Leboux.*
                              H., 0 m 80; L., 0 m 65.
    Don de l'auteur.
    130. *Portrait de M. Émile Loubet.*
                              H., 1 m 16; L., 0 m 95.

COTTET (CHARLES). Né au Puy.

    131. *Au pays de la mer; triptyque.*
        L'adieu.   H., 1 m 74; L., 2 m 35.
        Ceux qui s'en vont.   H., 1 m 74; L., 1 m 20.
        Celles qui restent.   H., 1 m 74; L., 1 m 20.
    132. *Rayons du soir (Camaret).*
                              H., 0 m 72; L., 1 m 10.
    133. *La Brume.*   H., 0 m 73; L., 1 m 00.
    134. *Tristesse.*   H., 1 m 00; L., 0 m 45.
    135. *Venise.*   H., 0 m 60; L., 0 m 75.
    Legs Maciet.
    136. *Le vieux cheval.*   H., 0 m 80; L., 1 m 00.
    Legs Bertin.

97. Eugène Carrière. — *Maternité*.

137. *Verre d'eau et pommes.*   H., 0m 34; L., 0m 41.
138. *Danses.*   H., 0m 27; L., 0m 27.

COURTAT (Louis). Paris, 1847-1909.
139. *Léda.*   H., 1m 15; L., 2m 06.

COURTOIS (Gustave). Né à Pusey (Haute-Saône).
140. *Portrait de Mme Gauthereau.*
    H., 1m 05; L., 0m 58.

CUISIN (Charles). Paris, 1832-1900.
141. *Nature morte.*   H., 0m 32; L., 0m 52.
142. *Venise.*   H., 0m 36; L., 0m 36.
    Dons de Fantin-Latour.

DAGNAN-BOUVERET (Pascal-Adolphe-Jean). Né à Paris.
143. *Le pain bénit.*   H., 1m 20; L., 0m 84.
144. *Tête de femme Ouled-Nayl.* H., 0m 24; L., 0m 20.

DAMOYE (Emmanuel). Né à Paris.
145. *Un marais.*   H., 1m 68; L., 3m 00.

DAUCHEZ (André). Né à Paris.
146. *La Vanne.*   H., 0m 65; L., 0m 93.
147. *Brûleurs de goëmons.*   H., 1m 50; L., 2m 26.

DAWANT (Albert). Né à Paris.
148. *Une maîtrise d'enfants; Italie.*
    H., 1m 70; L., 2m 25.
149. *Portrait d'homme.*   H., 1m 09; L., 0m 90.

DÉCHENAUD (Adolphe). Né à Saint-Ambreuil (S.-et-L.).

   150. *Portrait du père de l'auteur.*
                             H., 1^m87; L., 1^m05.

   151. *Portrait de M. E. Dujardin-Beaumetz.*
                             H., 1^m30; L., 1^m05.
   Don de M. Dujardin-Beaumetz.

DELACHAUX (Léon). Né au Lac-au-Viller.

   152. *La lingère.*   H., 0^m48; L., 0^m58.

DELAUNAY (Élie). Nantes, 1828; Paris, 1891.

   153. *La Peste à Rome.*   H., 1^m32; L., 1^m77.
   154. *La Communion des Apôtres.*
                             H., 2^m80; L., 2^m02.
   155. *Diane.*   H., 1^m45; L., 0^m94.
   156. *Portrait de la mère de l'artiste.*
                             H., 0^m76; L., 0^m57.
   157. *Charles Hayem.*   H., 0^m57; L., 0^m47.
   Don Charles Hayem.

DELASALLE (Mlle Angèle). Née à Paris.

   158. *Portrait de Benjamin Constant.*
                             H., 0^m72; L., 0^m47.

DEMONT (Adrien). Né à Douai.

   159. *La Nuit.*   H., 1^m36; L., 2^m26.
   160. *Abel.*   H., 0^m85; L., 1^m35.

DEMONT-BRETON (Mme Virginie). Née à Courrières (Pas-de-Calais).

   161. *La plage.*   H., 1^m90; L., 3^m48.

DESBOUTIN (Marcellin). Cerilly (Allier), 1823 ; Nice, 1902.
    162. *Portrait de l'auteur.*   H., 0m31 ; L., 0m23.
    163. *Portrait de Mme C...*   H., 0m47 ; L., 0m37.

DESCH (Théodore). Né à Nancy.
    164. *L'enfant à la crinoline.*   H., 1m30 ; L., 1m15.

DESCHAMPS (Louis). Montélimar, 1850-1902.
    165. *La Charité.*   H., 1m46 : L., 0m96.

DESGOFFE (Blaise). Paris, 1830-1901.
    166. *Vase de cristal de roche du XVIe siècle ; escarcelle de Henri II ; émaux de Jean Limosin, etc.* *.
         H. 1m25 ; L., 0m95.

DESVALLIÈRES (Georges). Né à Paris.
    167. *Portrait de la mère de l'auteur.*
         H., 1m18 ; L., 1m00.
    168. *Tête d'homme.*   H., 0m26 ; L., 0m23.

DETAILLE (Édouard). Né à Paris.
    169. *Le Rêve.*   H., 3m00 ; L., 3m90.
    170. *Sortie de la garnison de Huningue (20 août 1815).*
         H., 4m05 ; L., 3m85.
    Don des anonymes parisiens M. J. T. G. C.

DEVAMBEZ (André). Né à Paris.
    171. *Au concert Colonne.*   H., 0m64 ; L., 0m50.

DINET (Étienne). Né à Paris.

    172. *Les terrasses de Laghouat.*
                               H., 0m 27 ; L., 0m 39.

    173. *Esclave d'amour et Lumière des yeux.*
                               H., 0m 54 ; L., 0m 47.

    174. *L'homme au grand chapeau.*
                               H., 0m 34 ; L., 0m 26.

DUBOURG (Mme Fantin-Latour, née Victoria). Née à Paris.

    175. *Coin de table.*   H., 0m 52 ; L., 0m 61.

DUBUFE (Guillaume). Né à Paris en 1853 ; décédé en mer en 1909.

    176. *Esquisse pour le plafond de la Comédie-Française.*
                               H., 0m 25 ; L., 0m 60.

DUEZ (Ernest). Paris, 1843-1896.

    177. *Portrait d'Ulysse Butin.* H., 1m 53 ; L., 1m 30.

DUFAU (Mlle Clémentine-Hélène). Née à Quinsac.

    178. *L'automne.*   H., 1m 80 ; L., 1m 85.
    179. *Portrait de Mme X...* H., 0m 66 ; L., 0m 65.

DUFOUR (Camille). Né à Paris.

    180. *Avignon en décembre.* H., 1m 06 ; L., 1m 62.

DUHEM (Henry). Né à Douai.

    181. *Canal flamand.*   H., 0m 62 ; L., 0m 90.

DUHEM (Mme Marie). Née à Guemps (Pas-de-Calais).
    182. *Fleurs.*   H., 0 m 46 ; L., 0 m 38.

DULAC (Charles). Paris, 1865-1898.
    183. *La nef ; église de Vézelay.*
                                        H., 1 m 15 ; L., 1 m 66.
    Don de M. Félix Roux.

DUPRÉ (Julien). Paris, 1851-1911.
    184. *La vache blanche.*   H., 1 m 14 ; L., 1 m 52.
    185. *Les faucheurs.*   H., 1 m 17 ; L., 1 m 50.
    Legs de Mme Boucicaut.

DUPUY (Paul). Né à Pau.
    186. *Au bord de la mer.*   H., 2 m 05 ; L., 1 m 51.

ESTIENNE (Henry d'). Né à Conques.
    187. *Noce en Bretagne ; après l'église.*
                                        H., 1 m 70 ; L., 3 m 35.
    188. *Vieille Aragonaise.*   H., 0 m 24 ; L., 0 m 17.

FAIVRE (Abel). Né à Lyon.
    189. *La femme à l'éventail.* H., 0 m 80 ; L., 1 m 14.

FALGUIÈRE (Alexandre). Toulouse, 1831 ; Paris, 1900.
    190. *Les nains ; souvenir d'Espagne.*
                                        H., 1 m 42 ; L., 1 m 16.

FANTIN-LATOUR (Henri). Grenoble, 1836 ; Buré (Orne), 1904.
    191. *Un atelier aux Batignolles.*
                                        H., 2 m 05 ; L., 1 m 71.

192. *Portrait de Mme Fantin-Latour.*
H., 0^m 93 ; L., 0^m 76.
Don de l'auteur.
193. *La Nuit.* H., 0^m 63 ; L., 0^m 77.
194. *Œillets.* H., 0^m 22 ; L., 0^m 26.
Don Charles Hayem.

FAUVELET (Jean). Bordeaux, 1810 ; Chartres, 1890.
195. *Ascanio.* H., 0^m 17 ; L., 0^m 16.

FERRIER (Gabriel). Né à Nîmes.
196. *Portrait du général André.* H., 1^m 25 ; L., 0^m 80.
197. *Douleur.* H., 1^m 26 ; L., 0^m 81.

FLAMENG (Auguste). Metz, 1843 ; Paris, 1893.
198. *Bateau de pêche à Dieppe.* H., 2^m 25 ; L., 1^m 68.

FLAMENG (François). Né à Paris.
199. *Eylau.* H., 1^m 70 ; L., 2^m 65.
200. *Portrait de Mme F. Flameng.*
H., 0^m 40 ; L., 0^m 33.

FLANDRIN (Paul). Lyon, 1811 ; Paris, 1902.
201. *Solitude.* H., 0^m 62 ; L., 0^m 52.

FOREAU (Henri). Né à Paris.
202. *Paysage d'automne.* H., 0^m 35 ; L., 0^m 56.

FOUQUERAY (Charles). Né au Mans.
203. *Palerme.* H., 1^m 79 ; L., 2^m 00.

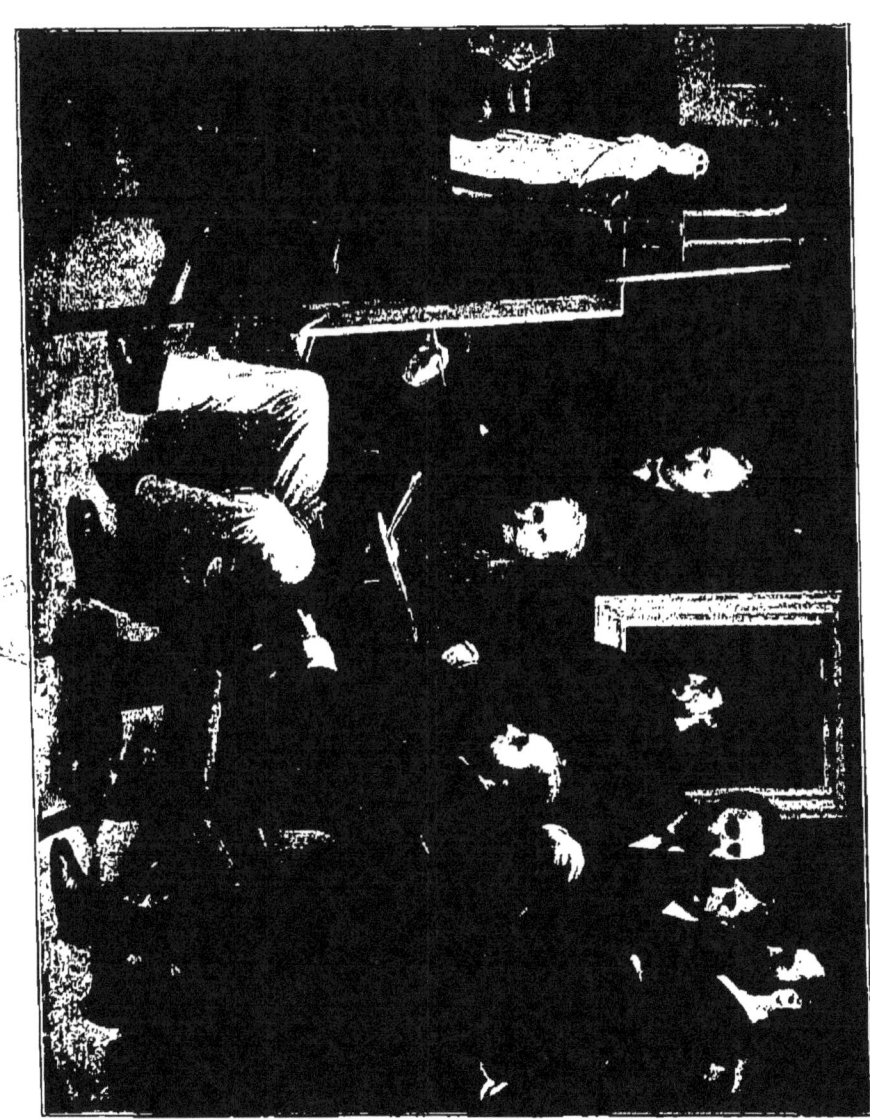

191. FANTIN-LATOUR. — *Un atelier aux Batignolles.*

FOURIÉ (Albert). Né à Paris.
   204. *Sous les branches.*   H., 0m98 ; L., 1m66.

FRAPPA (José). Saint-Étienne, 1854 ; Paris, 1904.
   205. *Phryné.*   H., 0m92 ; L., 1m31.

FRIANT (Émile). Né à Dieuze (Alsace-Lorraine).
   206. *La Toussaint.*   H., 2m60 ; L., 3m35.

GAGLIARDINI (Gustave). Né à Mulhouse.
   207. *Village de Roussillon (Provence).*
                           H., 1m43 ; L., 2m19.

GAILLARD (Ferdinand). Paris, 1834-1887.
   208. *Portrait de « la tante ».* H., 0m56 ; L., 0m46.
   209. *Portrait de Mgr de Ségur.* H., 0m83 ; L., 0m66.

GARDIER (Raoul du). Né à Wiesbaden, de parents français.
   210. *Sur la plage.*   H., 1m40 ; L., 1m40.

GASTÉ (Georges). Paris, 1869 ; Madura (Inde), 1910.
   211. *Le bain des Brahmines (Madura, Inde méridionale).*   H., 0m65 ; L., 0m54.
   Don de M. Bérard-Gasté.

GAUGUIN (Paul). Paris, 1851 ; Taïohaé (Iles Marquises), 1903.
   212. *Nature morte.*   H., 0m34 ; L., 0m44.
   Legs de E. Chaplet.

GAUTIER (Amand). Lille, 1825 ; Paris, 1894.
    213. *Mère et fille.*   H., 0m61 ; L., 0m51.

GAUTIER (Étienne). Marseille, 1842 ; Paris, 1903.
    214. *Sainte Cécile.*   H., 1m09 ; L., 1m92.

GEOFFROY (Jean). Né à Marennes (Charente-Inférieure).
    215. *Le jour de la visite à l'hôpital.*
                                    H., 1m20 ; L., 1m15.

GÉROME (Léon). Vesoul, 1824 ; Paris, 1904.
    216. *Un combat de coqs.*   H., 1m42 ; L., 2m02.

GERVEX (Henri). Né à Paris.
    217. *Le jury de peinture.*   H., 2m94 ; L., 3m84.
        Don de M. Waldeck-Rousseau.
    218. *Satyre et Bacchante.*   H., 1m59 ; L., 1m93.
    219. *Portrait de Mme V. de la B...*
                                    H., 2m00 ; L., 1m18.
        Légué par Mme Valtesse de la Bigne.

GILLOT (Louis). Né à Paris.
    220. *Le port de Rouen.*   H., 0m37 ; L., 0m47.
    221. *La Seine au Trocadéro.*   H., 0m67 ; L., 0m90.

GIRARDOT (Louis-Auguste). Né à Loulans-les-Forges (Haute-Saône).
    222. *Cimetière israélite à Tanger.*
                                      H., 0m74 ; L., 1m00.

GORGUET (François). Né à Paris.
    223. *Cupidon.*   H., 0^{m}93 ; L., 0^{m}54.

GOSSELIN (Albert). Né à Paris.
    224. *Nocturne.*   H., 0^{m}81 ; L., 0^{m}59.

GRANIÉ (Joseph). Né à Toulouse.
    225. *Portrait de Mlle Moreno.* H., 0^{m}56 ; L., 0^{m}46.

GRIVEAU (Lucien). Né à Paris.
    226. *La mare.*   H., 0^{m}47 ; L., 0^{m}66.

GUIGNARD (Gaston). Né à Bordeaux.
    227. *Le troupeau à la mare.* H., 0^{m}95 ; L., 1^{m}51.

GUIGOU (Paul). Villars (Vaucluse), 1834 ; Paris, 1871.
    228. *Paysage de Provence.*   H., 0^{m}54 ; L., 0^{m}80.

GUIGUET (François). Né à Corbelin (Isère).
    229. *Tête d'enfant.*   H., 0^{m}18 ; L., 0^{m}18.
    230. *Jeune fille faisant du crochet.*
                                 H., 0^{m}65 ; L., 0^{m}35.

GUILLAUMET (Gustave). Paris, 1840-1887.
    231. *Laghouat (Algérie).*   H., 1^{m}22 ; L., 1^{m}81.
    232. *La Seguia ; Biskra.*   H., 1^{m}00 ; L., 1^{m}55.
    233. *Les Fileuses.*   H., 0^{m}95 ; L., 1^{m}12.
    234. *Le Désert.*   H., 1^{m}10 ; L., 2^{m}00.
        Don de la famille Guillaumet.

GUILLAUMIN (Armand). Né à Paris.

    235. *Le moulin de la Folie à Crozant.*

                              H., 0^{m}93 ; L., 0^{m}74.

    Don de M. Blot.

    236. *Le moulin des Bouchardonnes.*

                              H., 0^{m}94 ; L., 1^{m}15.

    Don de la Société des Amis du Luxembourg.

GUILLEMET (Antoine). Né à Chantilly.

    237. *Paris, vu de la Butte des Moulineaux.*

                              H., 0^{m}84 ; L., 2^{m}39.

    238. *Equihen.*   H., 1^{m}30 ; L., 2^{m}00.

    239. *La plage de Villers (Calvados).*

                              H., 0^{m}73 ; L., 0^{m}54.

GUILLOU (Alfred). Né à Concarneau (Finistère).

    240. *Arrivée du Pardon de Sainte-Anne-de-Fouesnant à Concarneau.*   H., 2^{m}76 ; L., 2^{m}21.

GUIRAND DE SCÉVOLA (Victor). Né à Cette.

    241. *Portrait de Mlle T...*   H., 1^{m}15 ; L., 1^{m}41.

HANICOTTE (Augustin). Né à Béthune.

    242. *Leur mer ; Volendam (Hollande).*

                              H., 1^{m}40 ; L., 1^{m}65.

HAREUX (Ernest). Paris, 1847 ; Grenoble, 1909.

    243. *Nuit d'août.*   H., 0^{m}89 ; L., 1^{m}29.

HARPIGNIES (Henri). Né à Valenciennes.

    244. *Lever de lune.*   H., 0^{m}71 ; L., 1^{m}01.

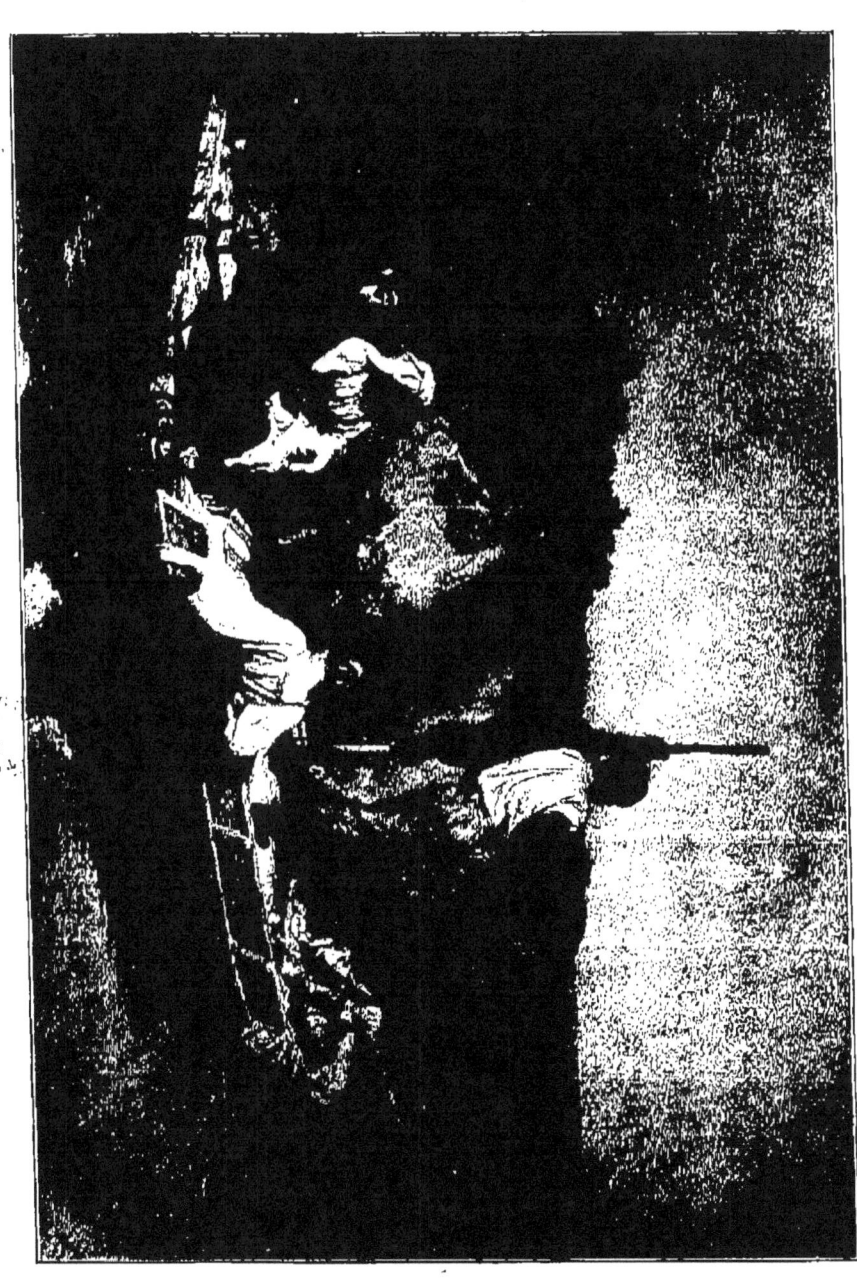

250. Ernest HÉBERT. — La Malaria

245. *Un soir dans la campagne de Rome.*
H., 0 m 90 ; L., 1 m 26.
246. *Le Saut du Loup (Allier).*
H., 1 m 44 ; L., 1 m 80.
247. *Le Colisée.* H., 0 m 47 ; L., 0 m 66.
Don de l'auteur.
248. *Vue prise à Beaulieu (Alpes-Maritimes).*
H., 0 m 28 ; L., 0 m 43.
Don de l'auteur.

HAWKINS (L. Weldens). Né à Stuttgart de parents anglais ; naturalisé français ; mort à Paris en 1910.
249. *Les Orphelins.* H., 1 m 25 ; L., 1 m 60.
Don Maciet.

HÉBERT (Ernest). Grenoble, 1817 ; La Tronche (Isère), 1908.
250. *La Malaria.* H., 1 m 35 ; L., 1 m 93.
251. *Le Baiser de Judas.* H., 2 m 55 ; L., 1 m 86.
252. *Les Cervarolles.* H., 2 m 88 ; L., 1 m 75.
253. *Portrait de Mme d'Attainville.*
H., 0 m 97 ; L., 0 m 73.
254. *Muse (tête d'étude).* H., 0 m 47 ; L., 0 m 39.
Legs de la princesse Mathilde.

HÉDOUIN. Boulogne-sur-Mer, 1820 ; Paris, 1889.
255. *Glaneuses à Chambaudoin (Loiret)*.
H., 1 m 52 ; L., 2 m 60.

HELLEU (Paul). Né à Vannes.
256. *Versailles ; étude.* H., 1 m 25 ; L., 1 m 25.

HENNER (Jean-Jacques). Bernwiller (Alsace), 1829 ; Paris, 1905.

 257. *L'abbé Hugard.*   H., 0 m 65 ; L., 0 m 54.
 258. *La chaste Suzanne.*   H., 1 m 83 ; L., 1 m 32.
 259. *Naïade.*   H., 0 m 43 ; L., 0 m 63.
 260. *Idylle.*   H., 0 m 75 ; L., 0 m 62.
 261. *Portrait de M. Clavé.*   H., 0 m 41 ; L., 0 m 32.
  Legs de Mme de Clavé.
 262. *La comtesse Diane.*   H., 0 m 51 ; L., 0 m 41.
  Legs de Mme de Beausac.
 263. *Portrait de Mlle Laura Le Roux.*
    H., 1 m 33 ; L., 0 m 71.
 264. *Saint Sébastien.*   H., 1 m 50 ; L., 1 m 20.
 265. *Christ en croix.*   H., 2 m 05 ; L., 1 m 40.

HERPIN (Léon). Granville (Manche), 1841 ; Paris, 1880.
 266. *Paris vu du pont des Saints-Pères (le soir).*
    H., 1 m 95 ; L., 2 m 95.

HOFFBAUER (Charles). Né à Paris.
 267. *Coin de bataille.*   H., 2 m 25 ; L., 4 m 00.

HUMBERT (Ferdinand). Né à Paris.
 268. *La Vierge, l'Enfant Jésus et saint Jean-Baptiste.*
    H., 2 m 60 ; L., 1 m 40.
 269. *Portrait de Mme X...*   H., 2 m 10 ; L., 1 m 03.
 270. *La promenade.*   H., 2 m 20 ; L., 1 m 98.

JACQUES-MARIE. Née à Paris.
 271. *Vieux pont sur la Rance, à Dinan.*
    H., 1 m 62 ; L., 1 m 29.

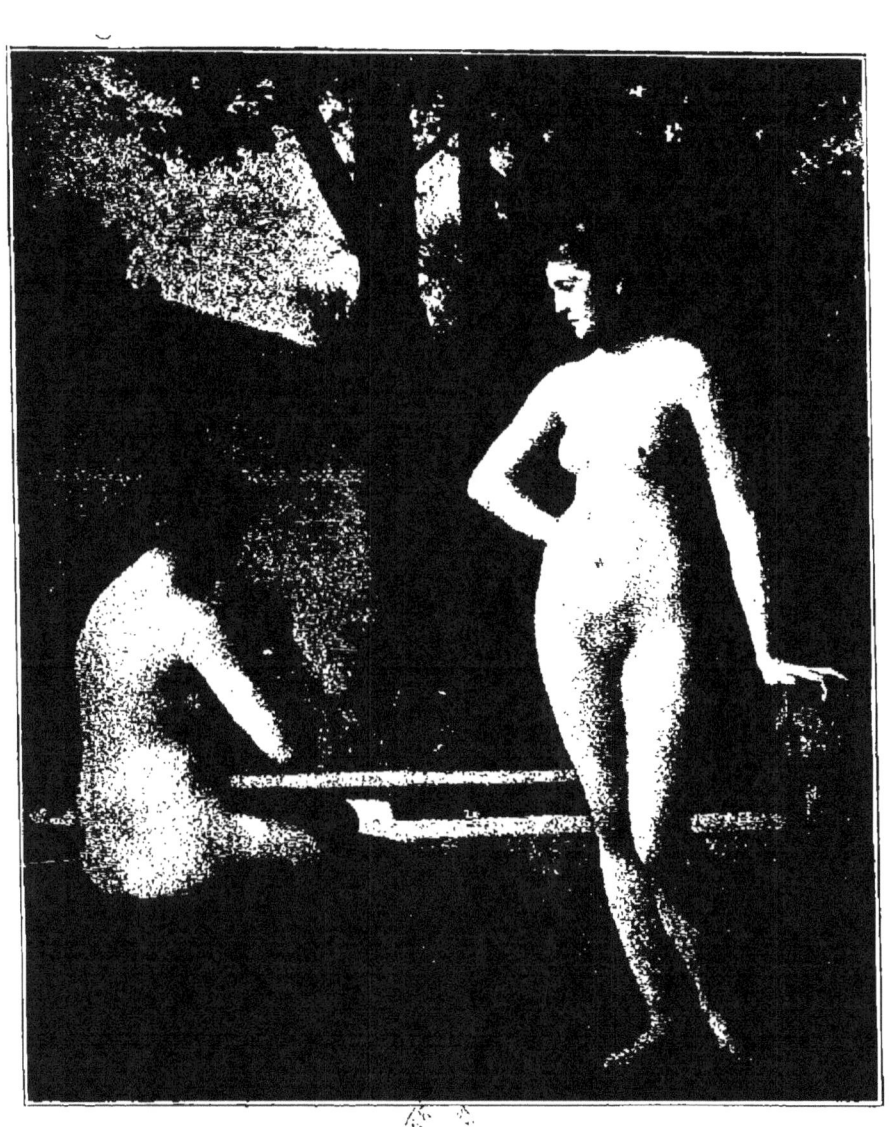

260. J.-J. Henner. *Idylle*.

JACQUET (Gustave). Paris, 1846-1909.
    272. *Jeune fille au lézard.*   H., 1 m 55 ; L., 1 m 13.
    Don de M. Maciet.

JEANNIN (Georges). Né à Paris.
    273. *Embarquement de fleurs.*   H., 2 m 92 ; L., 2 m 42.

JEANNIOT (Georges). Né à Genève.
    274. *Five o'clock.*   H., 0 m 61 ; L., 0 m 50.

JUSTE (René). Né à Paris.
    275. *Vieux coin de Marlotte.*   H., 0 m 50 ; L., 0 m 60.

KREYDER (Alexis). Andlau (Alsace), 1841 ; Paris, 1912.
    276. *Offrande à Bacchus.*   H., 0 m 98 ; L., 0 m 77.

LA GANDARA (Antonio de). Né à Paris.
    277. *La Dame à la rose.*   H., 1 m 95 ; L., 0 m 95.

LAGARDE (Pierre). Paris, 1853-1910.
    278. *La retraite.*   H., 1 m 06 ; L., 1 m 45.

LANDELLE (Charles). Laval, 1821 ; Chennevières (Seine-et-Marne), 1908.
    279. *Le pressentiment de la Vierge.*
                                  H., 1 m 43 ; L., 1 m 18.
    280. *Le Nymphée de Jules II*.*   H., 0 m 55 ; L., 0 m 38.

LAPPARA (William). Né à Bordeaux.
    281. « *Coplas* ».   H., 0 m 97 ; L., 1 m 20.

LARONZE (Jean). Né à Génelard (Saône-et-Loire).

    282. *L'Angelus.*   H., 0 m 80 ; L., 1 m 07.

LA TOUCHE (Gaston). Né à Saint-Cloud.

    283. *Fête de nuit.*   H., 3 m 00 ; L., 4 m 00.
    284. *Les Cygnes.*   H., 0 m 78 ; L., 0 m 78.
    285. *Bracquemond et son disciple.* H., 2 m 25 ; L., 2 m 07.

LAUGÉE (Désiré). Maromme, 1823 ; Paris, 1896.

    286. *Intérieur.*   H., 0 m 40 ; L., 0 m 33.
    Don de Mlle Clotilde Laugée.

LAURENS (Jean-Paul). Né à Fourquevaux (Haute-Garonne).

    287. *Délivrance des emmurés de Carcassonne.*

                                    H., 4 m 30 ; L., 3 m 50.
    288. *L'excommunication de Robert le Pieux.*

                                    H., 1 m 47 ; L., 2 m 16.
    289. *Les hommes du Saint-Office.*

                                    H., 1 m 43 ; L., 1 m 95.

LAURENS (Albert). Né à Paris.

    290. *Portrait de J.-P. Laurens.* H., 0 m 61 ; L., 0 m 50.
    291. *Rêverie.*   H., 0 m 85 ; L., 1 m 45.

LAURENT (Ernest). Né à Paris.

    292. *Portrait de Mlle X...*   H., 1 m 52 ; L., 0 m 97.
    293. *Portrait de Mme la comtesse Lovatelli.*

                                    H., 1 m 35 ; L., 1 m 10.
    Don de Mme la comtesse Lovatelli.

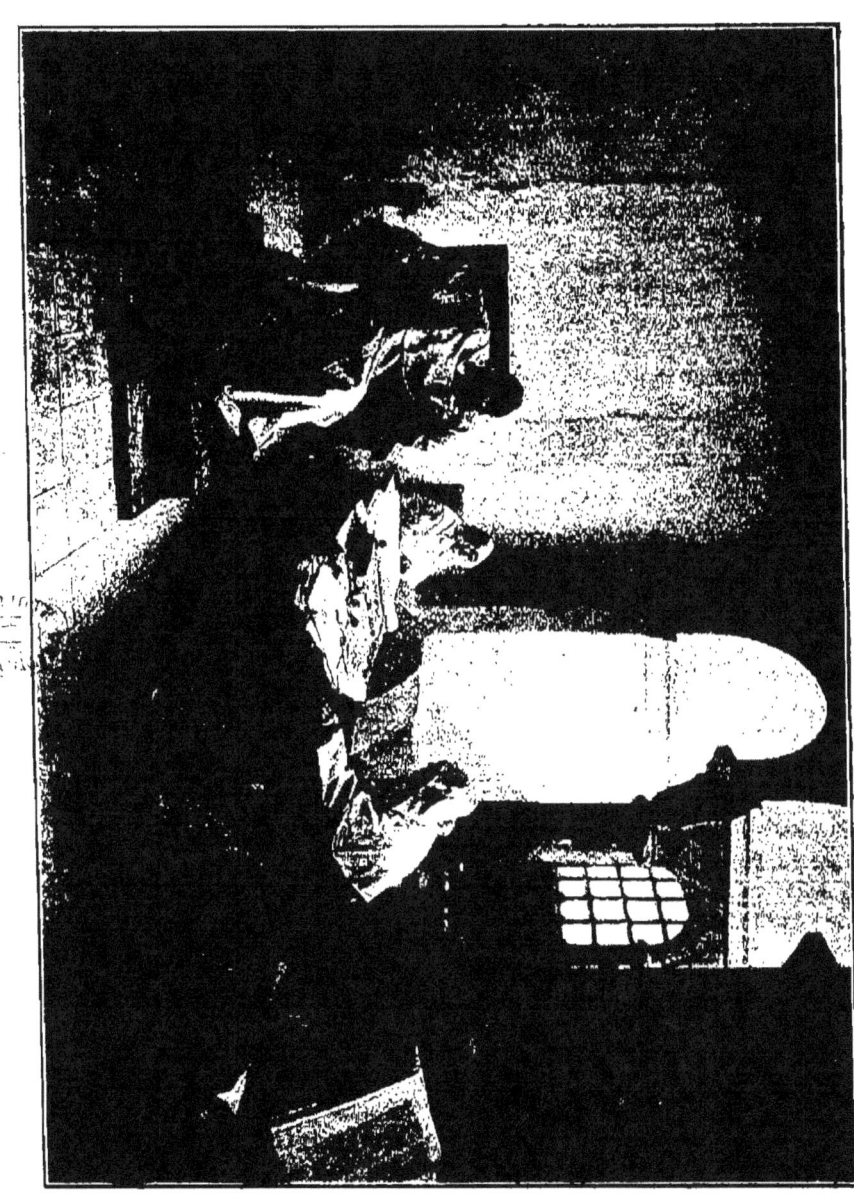

289. — Jean-Paul LAURENS. — Les hommes du Saint-Office.

LAUTH (Frédéric). Né à Paris.

    294. *Sancho Pança.*   H., 0 m 80 ; L., 0 m 60

LAVIEILLE (Eugène). Paris, 1820-1889.

    295. *Une nuit d'octobre sur le pont de la Corbienne; Moustiers-au-Perche (Orne).* H., 1 m 30 ; L., 0 m 95.

LEBASQUE (Henri). Né à Champigné (Maine-et-Loire).

    296. *Goûter sur l'herbe.*   H., 1 m 22 ; L., 1 m 40.

LEBOURG (Albert). Né à Montfort-sur-Risle (Eure)

    297. *A Herblay.*   H., 0 m 40 ; L., 0 m 65.
    298. *La Seine.*   H., 0 m 50 ; L., 0 m 85.

LECOMTE DU NOUY (Jules). Né à Paris.

    299. *Les porteurs de mauvaises nouvelles.*
                                     H., 0 m 74 ; L., 1 m 21.

LECREUX (Gaston). Né à Paris.

    300. *Fleurs et fruits dans un vase.*
                                     H., 0 m 45 ; L., 0 m 60.

LEFEBVRE (Jules). Tournon, 1836 ; Paris, 1912.

    301. *La Vérité.*   H., 2 m 62 ; L., 1 m 10.
    302. *Yvonne.*   H., 1 m 48 ; L., 1 m 17.

LEGRAND (Louis). Né à Dijon.

    303. *Danseuse.*   H., 0 m 65 ; L., 0 m 90.

LEGROS (Alphonse). Dijon, 1837; Watford (Angleterre), 1911.

 304. *Une amende honorable.*   H., 1 m 78; L., 1 m 72.
 305. *Le Christ mort.*   H., 1 m 01; L., 1 m 48.
 306. *Paysage.*   H., 0 m 50; L., 0 m 75.
  Don de M. Bracquemond.
 307. *Portrait de Léon Gambetta.*
          H., 0 m 65; L., 0 m 55.
  Légué par sir Charles Dilke.

LELEUX (Adolphe). Paris, 1812-1891.

 308. *Portrait de l'auteur.*   H., 0 m 56; L., 0 m 46.
  Don de Mme Nicolet.
 309. *Le mot d'ordre;* 24 février 1848.
          H., 0 m 93; L., 0 m 58.

LELEUX (Armand). Paris, 1818-1885.

 310. *Intérieur de la pharmacie du couvent des Capucins, à Rome.*   H., 0 m 38; L., 0 m 47.

LELIEPVRE (Maurice). Lille, 1848; Paris, 1897.

 311. *Soleil de mars.*   H., 1 m 92; L., 2 m 30.

LEPÈRE (Auguste). Né à Paris.

 312. *Le grain.*   H., 0 m 55; L., 1 m 00.
 313. *Nature morte.*   H., 0 m 54; L., 0 m 65.
 314. *Le mendiant.*   H., 0 m 75; L., 1 m 02.
 315. *Paysage.*   H., 0 m 73; L., 1 m 00.

LÉPINE (Stanislas). Caen, 1836 ; Paris, 1892.

    316. *Le marché aux pommes.*   H., 0 ^{m} 35; L., 0 ^{m} 27.

LEROLLE (Henry). Né à Paris.

    317. *Portrait de la mère de l'artiste.*

                                    H., 1 ^{m} 00; L., 1 ^{m} 00.

LE ROUX (Charles). Nantes, 1814-1895.

    318. *L'embouchure de la Loire.*   H., 0 ^{m} 90 ; L., 1 ^{m} 30.
    319. *Les cerisiers ; automne.*   H., 0 ^{m} 48; L., 0 ^{m} 76.
        Dons de MM. Ch. et J. Le Roux.

LEROY (Paul). Né à Paris.

    320. *L'oasis d'El-Kantara.*   H., 0 ^{m} 65 ; L., 0 ^{m} 54.
    321. *Fileuse arabe.*   H., 0 ^{m} 54 ; L., 0 ^{m} 65.
        Legs G. Michonis.

LE SÉNÉCHAL DE KERDRÉORET (Gustan). Né à Hennebont.

    322. *Le mouillage ; derniers reflets du couchant.*

                                  H., 0 ^{m} 89 ; L., 1 ^{m} 30.

LE SIDANER (Henri). Né à l'île Maurice.

    323. *La table.*   H., 0 ^{m} 73 ; L., 0 ^{m} 70.
    324. *Le dessert.*   H., 0 ^{m} 65 ; L., 0 ^{m} 80

LÉVY (Henry). Nancy, 1840 ; Paris, 1905.

    325. *Sarpédon.*   H., 3 ^{m} 05 ; L., 2 ^{m} 36.

LHERMITTE (Léon). Né à Mont-Saint-Père (Aisne).

    326. *La paye des moissonneurs.* H., 2 ^{m} 15 ; L., 2 ^{m} 72.

LOBRE (Maurice). Né à Bordeaux.
  327. *Bibliothèque du roi à Versailles.*
  H., 0 m 73 ; L., 1 m 00.

LOMONT (Eugène). Né à Lure.
  328. *Lied.* H., 1 m 36 ; L., 1 m 17.

LOPISGISCH (Georges). Né à Vichy.
  329. *Tulipes.* H., 0 m 45 ; L., 0 m 38.

LOUP (Eugène). Né à Rodez.
  330. *Mélancolie.* H., 1 m 05 ; L., 0 m 90.

LUCAS (Désiré). Né à Fort-de-France.
  331. *Le Bénédicité.* H., 1 m 72 ; L., 1 m 37.

LUNOIS (Alexandre). Né à Paris.
  332. *Soir de fête (Espagne).* H., 0 m 60 ; L., 0 m 73.

MACHARD (Jules). Sampans (Jura), 1839 ; Bellevue (Seine-et-Oise), 1900.
  333. *Portrait de Mme J. Machard.*
  H., 1 m 23 ; L., 0 m 92.
  334. *Portrait du compositeur Ch. Lenepveu.*
  H., 1 m 00 ; L., 0 m 87.

MAIGNAN (Albert). Beaumont (Sarthe), 1845 ; Saint-Prix, 1908.
  335. *Carpeaux.* H., 3 m 50 ; L., 4 m 45.

MAISIAT (Joanny). Né à Lyon.
    336. *Fleurs et fruits.*   H., 1 m 00 ; L., 0 m 82.

MANET (Édouard). Paris, 1833-1883.
    337. *Le balcon.*   H., 1 m 69 ; L., 1 m 23.
    338. *Angelina.*   H., 0 m 91 ; L., 0 m 72.
    Legs Caillebotte.

MAREC (Victor). Né à Paris.
    339. *Portrait du père de l'artiste.* H., 1 m 00 ; L., 1 m 18.

MARTEL (Eugène). Né à Revest-du-Bion (Basses-Alpes).
    340. *Le mitron.*   H., 0 m 62 ; L., 0 m 51.

MARTIN (Henri). Né à Toulouse.
    341. *Sérénité.*   H., 3 m 42 ; L., 5 m 48.
    342. *Maison au soleil.*   H., 0 m 55 ; L., 0 m 95.
    343. *La Fenaison*.*   H., 0 m 00 ; L., 0 m 00.

MARTIN (Jacques). Né à Villeurbanne (Rhône).
    344. *Fleurs et fruits.*   H., 0 m 70 ; L., 1 m 15.

MATHEY (Paul). Né à Paris.
    345. *Portrait de Félicien Rops.* H., 1 m 44 ; L., 1 m 15.

MAUFRA (Camille). Né à Nantes.
    346. *Rue descendante.*   H., 0 m 66 ; L., 0 m 82.

MÉNARD (Émile-René). Né à Paris.
    347. *Portrait de Louis Ménard.* H., 0 66 ; L., 0 m 72.

348. *Le troupeau.* H., 0 m 98; L., 1 m 18.
349. *Le mont Cervin.* H., 9 m 71; L., 0 m 50.

MENGIN (Auguste). Né à Paris.
350. *Rêverie.* H., 0 m 95; L., 0 m 54.

MERCIÉ (Antonin). Né à Toulouse.
351. *Vénus.* H., 1 m 00; L., 0 m 72.
352. *Nymphe endormie.* H., 0 m 38; L., 0 m 46.

METTLING (Louis). Dijon, 1846-1904.
353. *Tête d'homme.* H., 0 m 52; L., 0 m 42.
   Don de MM. Tempelaëre.

MICHEL (Émile). Metz, 1828; Paris, 1909.
354. *Semailles d'automne.* H., 1 m 09; L., 1 m 55.
355. *La Dune près de Harlem.* H., 1 m 45; L., 2 m 05.

MONET (Claude). Né à Paris.
356. *L'église de Vétheuil.* H., 0 m 51; L., 0 m 70.
357. *La gare Saint-Lazare.* H., 0 m 73; L., 0 m 98.
358. *Les rochers de Belle-Isle.* H., 0 m 64; L., 0 m 80.
359. *Le déjeuner.* H., 1 m 60; L., 2 m 00.
360. *Les régates d'Argenteuil.* H., 0 m 48; L., 0 m 73.
361. *Le givre.* H., 0 m 60; L., 0 m 99.
362. *Les Tuileries.* H., 0 m 50; L., 0 m 74.
363. *Un coin d'appartement.* H., 0 m 80; L., 0 m 60.
   356 à 363, legs Caillebotte.
364. *La Cathédrale.* H., 1 m 05; L., 0 m 73.

MONGINOT (Charles). Brienne (Aube), 1825 ; Dieuville (Aube), 1900.

    365. *Nature morte.*   H., 2 m 03 ; L., 2 m 60.

MONTENARD (Frédéric). Né à Paris.

    366. *Le transport de guerre « la Corrèze » quittant la rade de Toulon.*   H., 2 m 30 ; L., 1 m 70.
    367. *Un lieu de pèlerinage dans le Var.*
                             H., 0 m 72 ; L., 0 m 92.

MOREAU (Gustave). Paris, 1826-1898.

    368. *Orphée.*   H., 1 m 35 ; L., 1 m 00.
    369. *Jason.*   H., 2 m 02 ; L., 1 m 17.
    Don de M. Théodore Reinach.
    370. *Le Calvaire.*   H., 0 m 23 ; L., 0 m 31.
    Don Ch. Hayem.
    371. *L'enlèvement d'Europe.*   H., 0 m 27 ; L., 0 m 42.
    Don Ch. Hayem.

MOREAU-NÉLATON (Étienne). Né à Paris.

    372. *Harfleur.*   H., 0 m 64 ; L., 0 m 55.

MORISOT (Mlle Berthe). Bourges, 1840 ; Paris, 1895.

    373. *Jeune femme au bal.*   H., 0 m 70 ; L., 0 m 50.

MORISSET (Henri). Né à Paris.

    374. *La lecture.*   H., 0 m 53 ; L., 0 m 65.

MORLOT (Alphonse). Né à Isomes (Haute-Marne).

    375. *Paysage.*   H., 0 m 31 ; L., 0 m 46.
    Don de M. Kempf.

MOROT (Aimé). Né à Nancy.

    376. *Rezonville; 16 août 1870.* H., 1 m 20 ; L., 2 m 49.

    377. *Portrait de E. Hébert.* H., 1 m 22 ; L., 0 m 92.

MOTTEZ (Victor). Lille, 1809 ; Bièvre, 1897.

    378. *Portrait de Mme Mottez (fresque).*

                                         H., 0 m 97 ; L., 0 m 85.

Don de M. H. Mottez.

MUENIER (Jules-Alexis).

    379. *Retour des champs.* H., 0 m 90 ; L., 0 m 66.

    380. *La leçon de clavecin.* H., 1 m 46 ; L., 1 m 10.

    381. *Chemineaux*.* H., 1 m 47 ; L., 1 m 43.

NEUVILLE (Alphonse de). Saint-Omer, 1835 ; Paris, 1885.

    382. *Le cimetière de Saint-Privat.*

                                     H., 2 m 36 ; L., 3 m 44.

Don de M. Roland Knœdler.

    383. *Le Bourget (30 octobre 1870) ; esquisse*.*

                                     H., 0 m 55 ; L., 0 m 75.

    384. *Attaque d'une maison barricadée à Villersexel ; esquisse*.* H., 0 m 62 ; L., 0 m 83.

NOZAL (Alexandre). Né à Paris.

    385. *La lande d'or.* H., 1 m 21 ; L., 2 m 29.

OLIVE (Jean-Baptiste). Né à Marseille.

    386. *Le soir, route de Villefranche.*

                                       H., 0 m 90 ; L., 0 m 83.

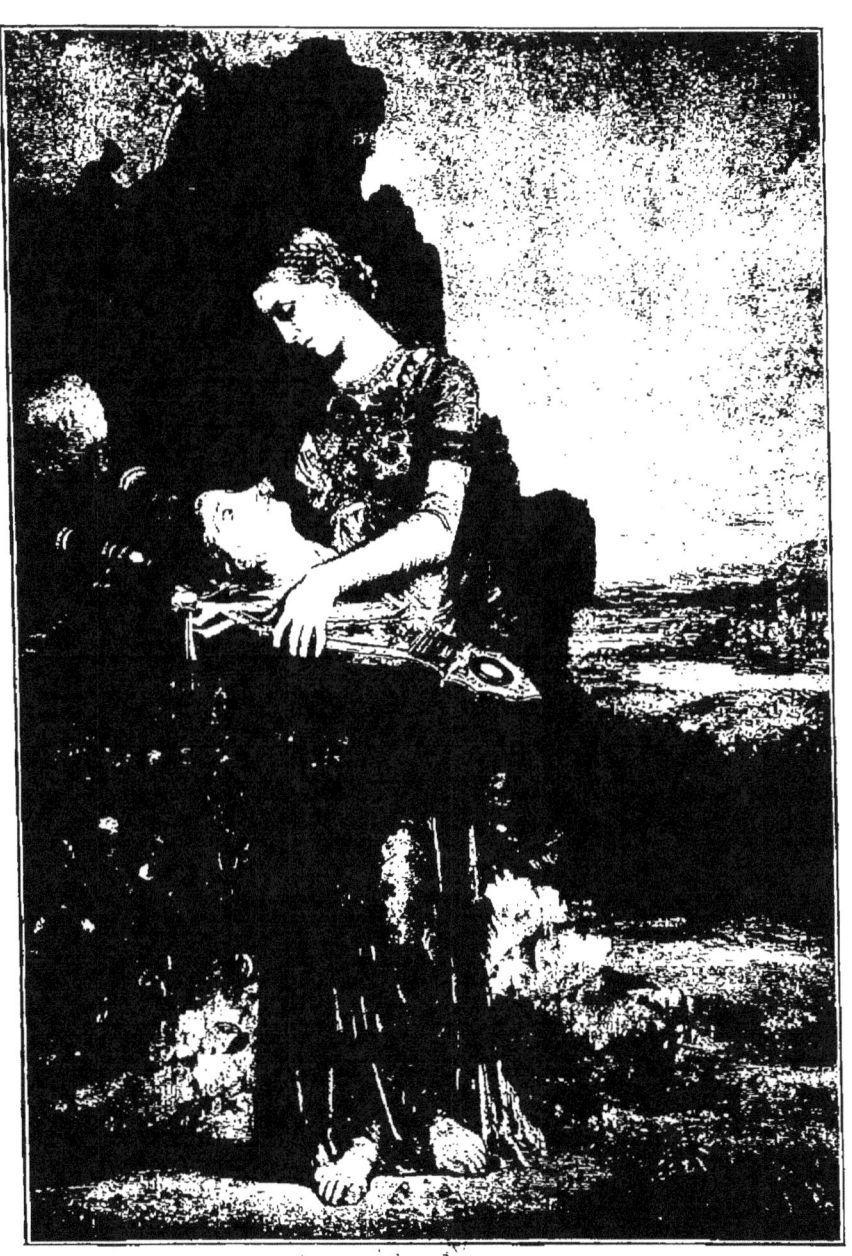

368. Gustave MOREAU. — Orphée.

PASCAU (Eugène). Né à Bayonne.

 387. *La robe à ramages; portrait de Mme Edmond Rostand.*   H., 1 m 82; L., 1 m 57.

PELOUSE (Léon). Pierrelaye (Seine-et-Oise), 1838; Paris, 1891.

 388. *Grandcamp, vu de la plage.*
           H., 0 m 89; L., 1 m 29.
 Don de Mme Pelouse.

PERRET (Aimé). Né à Lyon.

 389. *Le saint viatique en Bourgogne.*
           H., 1 m .34; L., 1 m 97.

PERRET (Marius). Moulins, 1853; Sinanglaïa (Java), 1900.

 390. *Tirailleurs sénégalais (campagne du Fouta).*
           H., 0 m 65; L., 1 m 60.

PETITJEAN (Édouard). Né à Neufchâteau (Vosges).

 391. *Le port de La Rochelle par le gros temps.*
           H., 1 m 30; L., 1 m 85.

PICARD (Louis). Né à Paris.

 392. *La femme qui passe.*   H., 0 m 81; L., 0 m 65.

PISSARO (Camille). Saint-Thomas (Antilles), 1830; Paris, 1903.

 393. *Potager; arbres en fleurs.*   H., 0 m 65; L., 0 m 80.

394. *Les toits rouges.* H., 0ᵐ 53 ; L., 0ᵐ 64.
395. *Chemin montant à travers champs.*
    H., 0ᵐ 53 ; L., 0ᵐ 64.
396. *La brouette.* H., 0ᵐ 52 ; L., 0ᵐ 65.
397. *Chemin sous bois en été.* H., 0ᵐ 81 ; L., 0ᵐ 64.
398. *Le lavoir.* H., 0ᵐ 46 ; L., 0ᵐ 56.
399. *La moisson.* H., 0ᵐ 65 ; L., 0ᵐ 91.
    393 à 399, legs Caillebotte.

POINTELIN (Auguste). Né à Arbois (Jura).

400. *Côtes du Jura, vues de la plaine.*
    H., 0ᵐ 60 ; L., 0ᵐ 74.
401. *Soir de septembre.* H., 1ᵐ 34 ; L., 2ᵐ 07.
402. *Fond de vallon (Jura).* H., 0ᵐ 57 ; L., 0ᵐ 79.

PRINET (René). Né à Vitry-le-François (Marne).

403. *Le bain.* H., 0ᵐ 75 ; L., 0ᵐ 85.
    Don de M. Schweisguth.
404. *La famille Saglio.* H., 1ᵐ 40 ; L., 1ᵐ 88.

PROTAIS (Alexandre). Paris, 1825-1890.

405. *Le bataillon carré ; 1815.* H., 1ᵐ 72 ; L., 2ᵐ 53.

PUVIS DE CHAVANNES (Pierre). Lyon, 1824 ; Paris, 1898.

406. *Le pauvre pêcheur.* H., 1ᵐ 52 ; L., 1ᵐ 90.

QUIGNON (Fernand). Né à Paris.

407. *Avoines en fleurs.* H., 1ᵐ 54 ; L., 2ᵐ 54.

406. P. Puvis de Chavannes. — *Le pauvre pêcheur.*

QUOST (Ernest). Né à Avallon (Yonne).
    408. *Fleurs à planter.*   H., 1m 33 ; L., 1m 45.
    409. *La serre.*   H., 1m 29 ; L., 1m 05.
    410. *Paysage.*   H., 0m 72 ; L., 0m 96.

RAFFAELLI (Jean-François). Né à Paris.
    411. *Les vieux convalescents.* H., 1m 45 ; L., 1m 12.
    412. *Notre-Dame de Paris.* H., 0m 69 ; L., 0m 79.
    413. *Les invités attendant la noce.*
                              H., 0m 52 ; L., 0m 68.
    Don Charles Hayem.
    414. *Réunion publique (portrait de M. Clémenceau).*
                              H., 2m 45 ; L., 2m 05.
    415. *Judith et Gabrielle.* H., 2m 22 ; L., 1m 34.
    Don de M. Charles Schwartz.

RAPIN (Alexandre). Noroy-le-Bourg (Haute-Saône), 1840 ; Paris, 1889.
    416. *Le soir, à Druillat (Ain).*
                          H., 2m 00 ; L., 1m 45.

RÉALIER-DUMAS (Maurice). Né à Paris.
    417. *Pæstum.*   H., 1m 30 ; L., 0m 96.

REDON (Odilon). Né à Bordeaux.
    418. *Les yeux clos.*   H., 0m 38 ; L., 0m 31.

RÉGAMEY (Guillaume). Paris, 1837-1875.
    419. *Les cuirassiers.*   H., 0m 72 ; L., 0m 94.
    Don de Félix Régamey.

RENAN (Ary). Paris, 1858-1900.
    420. *Sapho.*   H., 0m 56 ; L., 0m 80.
    421. *Ischia.*   H., 0m 30 ; L., 0m 40.
    Don Charles Hayem.

RENARD (Émile). Né à Sèvres.
    422. *Le baptême.*   H., 1m 10 ; L., 1m 92.
    423. *La grand'mère.*   H., 0m 92 ; L., 0m 77.

RENAUDOT (Paul). Né à Rome de parents français.
    424. *La tasse de thé.*   H., 0m 65 ; L., 0m 55.

RENOIR (Auguste). Né à Limoges.
    425. *Jeunes filles au piano.*   H., 1m 16 ; L., 0m 88.
    426. *Le Moulin de la Galette.*   H., 1m 31 ; L., 1m 75.
    427. *La balançoire.*   H., 0m 91 ; L., 0m 71.
    428. *Torse de jeune femme au soleil.*
                                          H., 0m 80 ; L., 0m 64.
    429. *Liseuse.*   H., 0m 45 ; L., 0m 37.
    430. *Le pont du chemin de fer à Chatou.*
                                          H., 0m 54 ; L., 0m 65.
    431. *Champrosay.*   H., 0m 55 ; L., 0m 65.
    426 à 431, legs Caillebotte.
    432. *Portrait de Mme Hartmann.*
                                          H., 1m 84 ; L., 1m 24.

RENOUARD (Paul). Né à Cour-Cheverny (Loir-et-Cher).
    433. *Portrait de M. Mollard, Directeur du Protocole, et de M. de Roujoux, Directeur adjoint.*
                                          H., 1m 78 ; L., 1m 27.

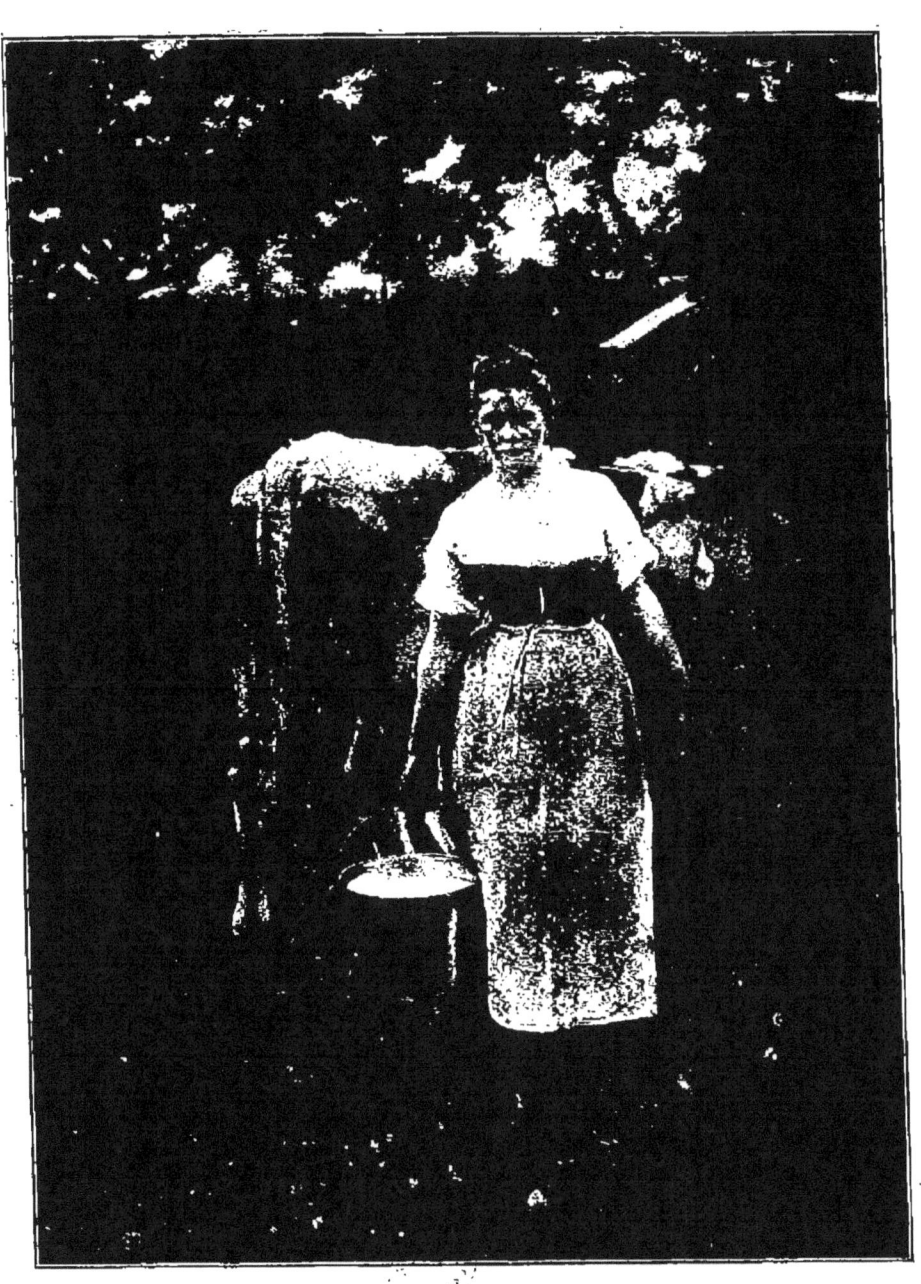

445. A. ROLL. — *Manda Lamétrie, fermière.*

RIBOT (Théodule). Breteuil (Eure), 1823 ; Paris, 1891.
    434. *Saint Sébastien.*   H., 0m97 ; L., 1m30.
    435. *Jésus et les Docteurs.*   H., 2m55 ; L., 1m80.
    436. *Le Samaritain.*   H., 1m12 ; L., 1m45.
    437. *Portrait de l'auteur.*   H., 0m64 ; L., 0m45.
    Don de Mlle Ribot.

RICARD (Gustave). Marseille, 1824 ; Paris, 1873.
    438. *Portrait de Mme de Calonne.*
                         H., 0m50 ; L., 0m37.

RIGOLOT (Albert). Né à Paris.
    439. *Sur la route de Kardada, à Bou-Saada (Algérie).*
                         H., 1m30 ; L., 1m90.

ROBERT-FLEURY (Tony). Paris, 1837-1912.
    440. *Le dernier jour de Corinthe.*
                         H., 4m00 ; L., 6m02.
    441. *Les vieilles de la place Navone.*
                         H., 0m71 ; L., 1m09.
    442. *Anxiété.*   H., 1m05 ; L., 1m52.

ROCHEGROSSE (Georges). Né à Versailles.
    443. *Le Chevalier aux Fleurs.* H., 2m32 ; L., 3m72.

ROLL (Alfred). Né à Paris.
    444. *En avant.*   H., 3m90 ; L., 5m40.
    445. *Manda Lamétrie, fermière.*
                         H., 2m15 ; L., 1m60.
    446. *Étude des « Troyens à Carthage ».*
                         H., 1m27 ; L., 1m06.

447. *Le Dragon**. H., 2ᵐ03 ; L., 1ᵐ50.
448. *La République**. H., 0ᵐ00 ; L., 0ᵐ90.

ROUSSEAU (Philippe). Paris, 1816 ; Acquigny (Eure), 1888.

449. *Cigognes faisant la sieste autour d'un bassin.*
  H., 2ᵐ10 ; L., 1ᵐ42.
450. *Chevreau broutant des fleurs.*
  H., 2ᵐ20 ; L., 1ᵐ42.

ROYBET (Ferdinand). Né à Uzès (Gard).

451. *Jeune fille au perroquet.* H., 0ᵐ41 ; L., 0ᵐ33.
452. *Fillette à la poupée.* H., 0ᵐ41 ; L., 0ᵐ33.

ROYER (Henri). Né à Nancy.

453. *Le Bénédicité.* H., 0ᵐ33 ; L., 0ᵐ39.

SABATTÉ (Fernand). Né à Aiguillon (Lot-et-Garonne).

454. *Intérieur de l'église Saint-Germain-des-Prés.*
  H., 1ᵐ35 ; L., 1ᵐ02.

SAIN (Édouard). Cluny (Saône-et-Loire), 1830 ; Paris, 1910.

455. *Fouilles à Pompéi.* H., 1ᵐ18 ; L., 1ᵐ72.

SAIN (Paul). Avignon, 1854-1908.

456. *Le pont d'Avignon.* H., 0ᵐ90 ; L., 1ᵐ30.

SAINT-GERMIER (Joseph). Né à Toulouse.

457. *Un enterrement à Venise.* H., 1ᵐ11 ; L., 1ᵐ71.
458. *Le rapport secret.* H., 1ᵐ15 ; L., 0ᵐ90.

SAINT-PIERRE (Gaston). Né à Nîmes.
    459. *Portrait de Mme Claude Vignon.*
                              H., 2^m15 ; L., 1^m30.

SAUTAI (Paul). Amiens, 1842 ; Paris, 1901.
    460. *La veille d'une exécution capitale ; souvenir de Rome.*   H., 0^m90 ; L., 1^m34.

SCHUTZENBERGER (Louis). Strasbourg, 1825 ; Paris, 1903.
    461. *Centaures chassant un sanglier.*
                              H., 1^m08 ; L., 2^m00.

SEIGNEMARTIN (Jean). Lyon, 1848 ; Alger, 1875.
    462. *Fleurs.*   H., 0^m46 ; L., 0^m39.
        Don de M. Ch. Faure.

SELLIER (François). Nancy, 1830-1882.
    463. *Portrait de E. Dugit.*   H., 0^m20 ; L., 0^m18.

SEYSSAUD (René). Né à Marseille.
    464. *Sainfoins au soleil couchant.*
                              H., 0^m38 ; L., 0^m60.

SIMON (Lucien). Né à Paris.
    465. *La Procession.*   H., 0^m00 ; L., 0^m00.
    466. *Le Menhir.*   H., 0^m00 ; L., 0^m00.
        Legs Bertin.
    467. *Jour d'été.*   H., 1^m42 ; L., 1^m58.
    468. *Le bain.*   H., 0^m00 ; L., 0^m00.
    469. *L'action de grâces.* H., 0^m00 ; L., 0^m00.

SIMONNET (Lucien). Né à Paris.

    470. *Ville d'Avray ; effet de neige.*
                                   H., 1 m 49 ; L., 2 m 00.

SISLEY (Alfred). Paris, 1839 ; Moret, 1899.

    471. *Le canal du Loing.*   H., 0 m 92 ; L., 0 m 72.
    Don d'un groupe d'amis.
    472. *Les bords du Loing.*   H., 0 m 60 ; L., 0 m 74.
    Don de M. Albert Lehmann.
    473. *Saint Mammès.*   H., 0 m 53 ; L., 0 m 72.
    474. *Bords de la Seine.*   H., 0 m 59 ; L., 0 m 73.
    475. *Lisière de forêt au printemps.*
                                   H., 0 m 58 ; L., 0 m 72.
    476. *La cour de ferme.*   H., 0 m 73 ; L., 0 m 92.
    477. *Les régates de Moulsey, près Londres.*
                                   H., 0 m 65 ; L., 0 m 92.
    478. *Une rue à Louveciennes.* H., 0 m 55 ; L., 0 m 45.
    473-478, legs Caillebotte.

TANZI (Léon). Né à Paris.

    479. *Le soir.*   H., 1 m 30 ; L., 1 m 98.

TATTEGRAIN (François). Né à Péronne.

    480. *Débarquement de vérotiers dans la baie d'Authie.*
                                   H., 1 m 65 ; L., 2 m 30.

TÉROUANNE (Mlle Magdeleine). Née à Southampton de parents français.

    481. *Intimité* *.   H., 1 m 15 ; L., 1 m 15.

THIRION (Eugène). Paris, 1839-1910.

    482. *Moïse exposé sur le Nil.* H., 1m05 ; L., 2m30.

THURNER (Gabriel). Mulhouse, 1840 ; Paris, 1907.

    483. *Les Crêpes ; Bretagne.* H., 0m33 ; L., 0m41.

TISSOT (James). Nantes, 1836 ; Buillon (Doubs), 1902.

    484. *Faust et Marguerite* *. H., 0m78 ; L., 1m17.
    485. *Portraits dans un parc.* H., 2m10 ; L., 1m36.
    486. *Jeune femme en veste rouge* *.
                          H., 1m24 ; L., 1m00.

    L'enfant prodigue :
    487. *Le départ.*
                          H., 0m93 ; L., 1m21.
    488. *En pays étranger.*   id.   id.
    489. *Le retour.*   id.   id.
    490. *Le veau gras.*   id.   id.

TOULOUSE-LAUTREC (Henri de). Albi, 1864 ; Paris, 1901.

    491. *Étude.* H., 0m54 ; L., 0m42.

TOURNÈS (Étienne). Né à Bordeaux.

    492. *Toilette.* H., 0m42 ; L., 0m34.

TRÉVOUX (Joseph). Lyon, 1831-1909.

    493. *Paysage* *. H., 0m50 ; L., 0m72.

TRIGOULET. Paris, 1854 ; Berck, 1910.

    494. *Femmes de pêcheurs**.   H., 0m 65 ; L., 0m 82.
Don de M. le baron Edmond de Rothschild.

TRONCY (Émile). Né à Cette.

    495. *Les bijoux.*   H., 1m 10 ; L., 0m 92.

VALADON (Jules). Paris, 1827-1900.

    496. *Portrait de jeune femme.* H., 0m 62 ; L., 0m 47.
    497. *Le vieux poêle.*   H., 0m 28 ; L., 0m 21.
Don Ch. Hayem.

VAYSON (Paul). Gordes (Vaucluse), 1842. Paris, 1911.

    498. *La gardeuse de moutons.* H., 0m 71 ; L., 1m 02.

VEBER (Jean). Né à Paris.

    499. *La petite princesse.*   H., 0m 80 ; L., 1m 00.
Don Ch. Hayem.

VERNAY (François). Lyon, 1833 (?)-1896.

    500. *Fleurs et fruits.*   H., 0m 75 ; L., 0m 93.
    501. *Fruits.*   H., 0m 34 ; L., 0m 40.
Don de M. Brisson.

VEYRASSAT (Jules). Paris, 1828-1893.

    502. *Le vieux serviteur.*   H., 0m 75 ; L., 0m 92.

VIGNON (Victor). Villers-Cotterets, 1847 ; Paris, 1909.

    503. *Paysage.*   H., 0m 34 ; L., 0m 42.
Don de MM. Bernheim-Jeune.

VILLAIN (Eugène). Paris, 1821-1897.

 504. *Nature morte : poulet.*   H., 0 m 50 ; L., 0 m 60.
 Don de M. Gerbeau.
 505. *Nature morte : verre de vin, pommes et fromages.*
            H., 0 m 28 ; L., 0 m 36

VOLLON (Antoine). Lyon, 1833 ; Paris, 1900.

 506. *Poissons de mer.*   H., 0 m 82 ; L., 1 m 20.
 507. *Curiosités.*   H., 2 m 64 ; L., 1 m 92.
 508. *Portrait de l'auteur.*   H., 0 m 40 ; L., 0 m 33.
 Don de M. Goldschmidt.
 509. *Le port d'Anvers.*   H., 0 m 54 ; L., 0 m 65.

VUILLARD (Jean-Édouard). Né à Cuiseaux (Saône-et-Loire).

 510. *Le déjeuner.*   H., 0 m 57 ; L., 0 m 60.

VUILLEFROY (Félix de). Né à Paris.

 511. *Le retour du troupeau.* H., 1 m 52 ; L., 1 m 82.
 512. *Dans les prés.*   H., 0 m 82 ; L., 1 m 17.

WEERTS (Jean-Joseph). Né à Roubaix.

 513. *Mort de Joseph Bara.* H., 3 m 50 ; L., 2 m 50.
 514. *Portrait d'homme.*   H., 0 m 27 ; L., 0 m 20.

WENCKER (Joseph). Né à Strasbourg.

 515. *Artémis.*   H., 2 m 05 ; L., 1 m 30.

WÉRY (Émile). Né à Reims.

    516. *Les bateliers (Amsterdam).*

                                        H., 2 m 00 ; L., 3 m 00.

WORMS (Jules). Né à Paris.

    517. *La romance à la mode.* H., 0 m 46 ; L., 0 m 65.

ULMANN (Raoul). Né à Paris.

    518. *La Seine au Trocadéro.* H., 0 m 48 ; L., 0 m 52.
    519. *Marine.*   id.   id.

ZIEM (Félix). Beaune, 1821 ; Paris, 1911.

    520. *Venise.*   H., 1 m 78 ; L., 2 m 58.
    521. *Anvers.*   H., 1 m 32 ; L., 2 m 15.

ZO (Henri). Né à Bayonne.

    522. *Aguadora.*   H., 1 m 62 ; L., 1 m 30.

ZUBER (Henri). Rixheim (Alsace), 1844 ; Paris, 1909.

    523. *Le Hollandsch Diep.*   H., 1 m 20 ; L., 1 m 60.

ZWILLER (Auguste). Né à Didenheim (Alsace).

    524. *Rêverie.*   H., 0 m 55 ; L., 0 m 47.

II. ÉCOLES ÉTRANGÈRES

ÉCOLES ALLEMANDE ET AUTRICHIENNE

ACHENBACH (Oswald). Né à Düsseldorff.
    525. *Le môle de Naples.*   H., 1m09; L., 1m72.

BARTELS (Hans von). Né à Hambourg.
    526. *Marée haute.*   H., 1m02; L., 1m50.

BORCHARDT (Félix). Né à Berlin.
    527. *Portrait d'homme.*   H., 2m14; L., 1m44.

BOZNANZKA (Mlle Olga de). Née à Cracovie.
    528. *Portrait de femme.*   H., 0m83; L., 0m60.

FABER DU FAUR (Otto von). Ludwigsburg, 1828; Munich, 1901.
    529. *Le passage de la Bérésina.*
                                        H., 0m24; L., 0m34.

KNAUS (Ludwig). Wiesbaden, 1829-1910.
    530. *La promenade.*   H., 0m97; L., 0m75.

KUEHL (Gotthardt). Né à Lubeck.

    531. *Une question difficile.*   H., 1 m 20 ; L., 1 m 00.

LIEBERMANN (Max). Né à Berlin.

    532. *Brasserie de campagne (Bavière).*

                                           H., 0 m 71 ; L., 0 m 98.

MORSTADT (Mlle Anna). Née à Vienne.

    533. *Chameaux.*   H., 0 m 95 ; L., 1 m 00.

THOREN (Otto von). Vienne, 1828 ; Paris, 1889.

    534. *Intérieur d'étable.*   H., 1 m 72 ; L., 2 m 50.

UHDE (Fritz von). Wolkenburg (Saxe), 1848 ; Munich, 1911.

    535. *Jésus chez les paysans.*   H., 0 m 51 ; L., 0 m 63.

ÉCOLE AMÉRICAINE

ALEXANDER (John-W.). Né à Pittsburg.

    536. *La Dame en gris.*   H., 1 m 90 ; L., 0 m 90.

BARTHOLD (Manuel). Né à New-York.

    537. *Les deux amis.*   H., 2 m 00 ; L., 1 m 48.

BOHM (Max). Né à Cleveland (Ohio).

    538. *Heures dorées.*   H., 1 m 27 ; L., 1 m 27.

DANNAT (William). Né à New-York.
    539. *La dame en rouge.*   H., 2 m 15 ; L., 1 m 05.
    540. *Contrebandier aragonais.*   H., 2 m 75 ; L., 1 m 65.

FOSTER (Ben). Né à North Anson.
    541. « *Bercé par le murmure d'un ruisseau* ».
                                   H., 0 m 89 ; L., 0 m 68.

FRIESEKE (Frédéric). Né à Michigan City (Indiana).
    542. *Devant la glace.*   H., 0 m 92 ; L., 0 m 65.

GAY (Walter). Né à Boston.
    543. *Blue and white (bleu et blanc).*
                                   H., 0 m 57 ; L., 0 m 47.
    544. *Les médaillons.*   H., 0 m 65 ; L., 0 m 54.
    545. *Intérieur.*   H., 0 m 65 ; L., 0 m 54.

HAMILTON (John Mac Lure). Né à Philadelphie.
    546. *Portrait de Gladstone.*   H., 0 m 45 ; L., 0 m 61.

HARRISON (Alexander). Né à Philadelphie.
    547. *En Arcadie.*   H., 1 m 95 ; L., 2 m 02.
    548. *Solitude.*   H., 1 m 00 ; L., 1 m 70.

HENRY (Robert). Né en Amérique.
    549. *La neige.*   H., 0 m 65 ; L., 0 m 81.

HOMER (Winslow). Boston, 1836-1905.
    550. *Nuit d'été.*   H., 0 m 76 ; L., 1 m 02.

HORTON (William). Né à Grand Rapide (Michigan).
    551. *Le Vendredi saint à Séville.* H., 0 m 38 ; L., 0 m 46.

JOHNSTON (John Humphreys). Né à New-York.
    552. *Portrait de la mère de l'auteur.*
        H., 1 m 90; L., 1 m 58.
    553. *Nocturne.* H., 0 m 74; L., 0 m 92.
        Legs Bertin.

MAC EWEN (Walter). Né à Chicago.
    554. *Dimanche en Hollande.* H., 1 m 90 ; L., 1 m 20.

MELCHERS (Gari). Né à Détroit (Michigan).
    555. *Maternité.* H., 0 m 70; L., 0 m 45.
    556. *Le Bosquet.* H., 1 m 68 ; L., 1 m 12.

MILLER (Richard). Né à Saint-Louis.
    557. *Les vieilles demoiselles.* H., 2 m 00 ; L., 1 m 54.
    558. *La tasse de thé.* H., 0 m 72; L., 0 m 59.

MOSLER (Henry). Né à New-York.
    559. *Le retour.* H., 1 m 22; L., 1 m 02.

NOURSE (Mlle Élisabeth). Née à Cincinnati.
    560. *Les volets clos.* H., 1 m 00 ; L., 1 m 00.

PICKNELL (William). Boston, 1852 ; Paris, 1897.
    561. *Le matin sur le littoral méditerranéen.*
        H., 1 m 05 ; L., 1 m 37.
    Don de Mme veuve Picknell.

REDFIELD (Edward). Né à Bridgeville (E. U. A.).
    562. *Canal en hiver.*   H., 0 m 92 ; L., 1 m 28.

SARGENT (John). Né à Florence.
    563. *La Carmencita.*   H., 2 m 32 ; L., 1 m 42.

TANNER (Henri). Né à Pittsburg.
    564. *Résurrection de Lazare.*   H., 0 m 97 ; L., 1 m 22.

WALDEN (Lionel). Né à Norwich (Connecticut).
    565. *Les docks de Cardiff.*   H., 1 m 27 ; L., 1 m 93.

WEEKS (Edwin). Boston, 1849 ; Paris, 1903.
    566. *Café en Perse.*   H., 0 m 52 ; L., 0 m 75.
    Don de la veuve de l'artiste.

WEIR (J. Alden). Né à West Point.
    567. *Portrait de femme.*   H., 0 m 71 ; L., 0 m 59.

WENTWORTH (Mc Cecilia E. marquise). Née à New-York.
    567 bis. *La Foi.*   H., 1 m 62 ; L., 2 m 00.

WHISTLER (James Mac Neill). Lowell (Massachussetts), 1834 ; Londres, 1903.
    568. *Portrait de la mère de l'auteur.*
                                           H., 1 m 45 ; L., 1 m 64.
    569. *L'homme à la pipe.*   H., 0 m 39 ; L., 0 m 34.
    Legs de M. Drouet.

ÉCOLE BRITANNIQUE

ALMA TADEMA (Sir Lawrence). Dronrijp (Hollande), 1836 ; Naturalisé anglais ; Wiesbaden, 1912.

    570. *Potier romain.*   H., 1 m 80; L., 1 m 10.
        Don de l'auteur.
    571. *Portraits de Dalou, Mme et Mlle Dalou.*
                                                        H., 0 m 60; L., 0 m 30.

ARMFIELD (Maxwell). Né à Ringwood.

    572. *Faustine.*   H., 0 m 64 ; L., 0 m 51
        Don de M. Blanck.

BELLEROCHE (Albert). Né à Swansea.

    573. *Printemps.*   H., 1 m 20 ; L., 0 m 90.

BLAIR-BRUCE (William). Né à Hamilton (Canada).

    574. *Marine.*   H., 0 m 73 ; L., 0 m 93.

BRANGWYN (Frank). Né à Bruges.

    575. *Marché sur la plage ; Maroc.*
                                                     H., 1 m 00 ; L., 1 m 25.

BROWN (Ford, Madox). Calais, 1821 ; Londres, 1893.

    576. *La mort de Don Juan.*   H., 1 m 15 ; L., 1 m 45.
        Don de Mme Hancock.

BROWN (Harris).

    577. *Portrait de femme.*   H., 0 m 64 ; L., 0 m 50.

BUNNY (Rupert). Né à Melbourne (Australie).
    578. *Après le bain.*   H., 1 m 92 ; L., 1 m 72.

CALVERT (Edward). Appledore (Devonsh.), 1779 ; Londres, 1883.
    579. *Pastorale virgilienne.*   H., 0 m 22 ; L., 0 m 39.

CONDER (Charles). Londres, 1870-1909.
    580. *Magnolias.*   H., 0 m 29 ; L., 0 m 35.

EDWARDS (Edwin). Framlingham, 1823 ; Londres, 1879.
    581. *La Tamise à Londres.*   H., 0 m 59 ; L., 1 m 03.

HANKEY (W.-Lee). Né à Chester.
    582. *Toilette rustique.*   H., 0 m 66 ; L., 0 m 55.

HONE (Nathaniel). Né à Dublin.
    583. *L'épave.*   H., 0 m 60 ; L., 1 m 02.

HUGHES-STANTON (Herbert). Né à Londres.
    584. *Paysage dans le Dorset (Angleterre).*
         H., 2 m 00 ; L., 2 m 78.
    585. *Paysage.*   H., 1 m 23 ; L., 1 m 64.

JUNGMANN (Nicolas).
    586. *Tête d'enfant.*   H., 0 m 40 ; L. 0 m 31.

KAY (James). Né à Lamlash Arran (Écosse).
    587. *L'hiver sur les bords de la Clyde.*
         H., 1 m 29 ; L., 1 m 83.

LAVERY (John). Né à Belfast (Irlande).
   588. *Père et fille.*   H., 2 m 07 ; L., 1 m 25.
   589. *Printemps.*   H., 0 m 00 ; L., 0 m 00.

LORIMER (John Henry). Né à Edimbourg.
   590. *Le Bénédicité ; fête de grand'mère.*
                                         H., 1 m 70 ; L., 1 m 25.
   591. *Portrait du colonel A. Th...*   H., 1 m 11 ; L., 0 m 86.

MORRICE (James-W.). Né à Montréal (Canada).
   592. *Le quai des Grands-Augustins.*
                                         H., 0 m 65 ; L., 0 m 80.

POWERS (Mlle Marion). Née à Londres.
   593. *Trésors.*   H., 0 m 92 ; L., 0 m 72.

ROBERTSON (Tom). Né à Glasgow.
   594. *En Écosse...*   H., 1 m 02 ; L., 1 m 27.

SHANNON (Charles). Né à Londres.
   595. *La femme sculpteur (portrait de Mrs Bruce).*
                                         H., 1 m 15 ; L., 1 m 10.

SIMS (Charles). Né à Londres.
   596. *L'Enfance.*   H., 1 m 45 ; L., 2 m 45.

SPENLOVE-SPENLOVE (Frank). Né à Stirling (Écosse).
   597. *Funérailles.*   H., 1 m 07 ; L., 1 m 84.

WATTS (George-Frédérick). Londres, 1817-1904.
    598. *L'Amour et la Vie.*   H., 2 m 19; L., 1 m 21
    Don de l'auteur.

WYLD (William). Londres, 1826-1889.
    599. *Le mont Saint-Michel ; vue prise à Avranches.*
                                         H., 1 m 40; L., 2 m 20.

ÉCOLE BELGE

BAERTSOEN (Albert). Né à Gand.
    600. *Le dégel.*   H., 1 m 34; L., 1 m 60.
    601. *Vieux canal flamand.*   H., 0 m 55; L., 0 m 78.
    602. *Petite cour en Flandre.*   H., 1 m 41; L., 1 m 08.

BRAEKELEER (Henri de). Anvers, 1840-1884.
    603. *Nature morte ; bibelots.*   H., 0 m 39; L., 0 m 55.

CLAUS (Émile). Né à Vive-Saint-Éloi (Flandre-Orientale).
    604. « *Rayon-de-Soleil* ».   H., 0 m 80; L., 1 m 17.

DELVILLE (Jean). Né à Louvain.
    605. *L'école de Platon.*   H., 2 m 60; L., 6 m 10.

DELVIN (Jean). Né à Gand.
    606. *L'attelage.*   H., 1 m 40; L., 1 m 90.

DENDUYTS (Gustave). Gand, 1850-1897.

    607. *Les Bûcherons.*   H., 1 m 43 ; L., 2 m 23.

DIERCKX (Pierre-Jacques). Né à Anvers.

    608. *La lecture de la Bible.*   H., 1 m 56 ; L., 2 m 20.

EVENEPOEL (Henri). Nice, 1872 ; Paris, 1900.

    609. *Portrait de M. Charles Milcendeau.*

                                   H., 1 m 20 ; L., 0 m 73.

FRANK (Lucien).

    610. *La Panne.*   H., 0 m 16 ; L., 0 m 25.
    611. *Place du marché à Furnes.* H., 0 m 16 ; L., 0 m 25.

FRÉDÉRIC (Léon). Né à Bruxelles.

    612. LES AGES DE L'OUVRIER, TRIPTYQUE :

        Partie centrale.   H., 1 m 62 ; L., 1 m 85.
        Panneaux latéraux.   H., 1 m 62 ; L., 0 m 95.
    612 bis. *La vieille servante.*   H., 1 m 75 ; L., 1 m 00.

        L'AGE D'OR :

    613. *Le matin.*   H., 1 m 27 ; L., 1 m 16.
    614. *Le soir.*   H., 1 m 27 ; L., 1 m 16.
    615. *La nuit.*   H., 1 m 24 ; L., 1 m 16.
        Legs G. Michonis.

GILSOUL (Victor). Né à Bruxelles.

    616. *Soir en Brabant.*   H., 1 m 05 ; L., 2 m 00.

HAMMAN (Édouard). Ostende, 1819 ; Paris, 1888.
    617. *Enfance de Charles-Quint ; une lecture d'Erasme, 1511.*   H., 0m 72 ; L., 0m 92.

LAERMANS (Eugène). Né à Bruxelles.
    618. *Fin d'automne.*   H., 1m 20 ; L., 1m 51.

MEUNIER (Constantin). Bruxelles, 1831 ; Ixelles, 1905.
    619. *Au pays noir.*   H., 0m 81 ; L., 0m 93.

MOTTE (Émile). Né à Mons.
    620. *Etude autopsychique.*   H., 0m 89 ; L., 0m 56.

STEVENS (Alfred). Bruxelles, 1828 ; Paris, 1906.
    621. *Chant passionné.*   H., 1m 00 ; L., 0m 59.
    622. *Retour du Bal.*   H., 0m 56 ; L., 0m 46.

STEVENS (Joseph). Bruxelles, 1819-1892.
    623. *Le supplice de Tantale.*   H., 0m 73 ; L., 0m 92.

VERHAEREN (Alfred). Né à Bruxelles.
    624. *Nature morte : oie et légumes.*
                                           H., 0m 77 ; L., 0m 84.
    625. *Nature morte : tabouret et livres.*
                                           H., 0m 41 ; L., 0m 51.

WILLAERT (Ferdinand). Né à Gand.
    626. *Entrée du béguinage ; Gand.*
                                           H., 0m 96 ; L., 1m 30.

WILLEMS (Florent). Liège, 1823 ; Neuilly (Seine), 1905.
  627. *Le Souvenir.* H., 0m 58 ; L., 0m 39.

ÉCOLES
D'ESPAGNE ET DE PORTUGAL

ANGLADA Y CAMARASA (Hermen). Né à Barcelone.
  628. *Noce à Séville.* H., 0m 80 ; L., 1m 25.

BERUETE (Aureliano de). Madrid, 1845-1912.
  629. *Environs de Tolède.* H., 0m 32 ; L., 0m 51.

CARDONA (Juan). Né à Barcelone.
  630. *Avant la Course.* H., 1m 10 ; L., 0m 75.

MELIDA (Enrique). Né à Madrid ; Paris, 1892.
  631. *Enfant perdu.* H., 0m 92 ; L., 1m 29.

RUSINOL (Santiago). Né à Barcelone.
  632. *Cour d'orangers.* H., 1m 05 ; L., 0m 86.

SOROLLA Y BASTIDA (Joaquin). Né à Valence.
  633. *Retour de la Pêche ; Halage de la barque.*
    H., 2m 95 ; L., 3m 25.
  634. *Préparation des raisins secs.*
    H., 1m 95 ; L., 1m 39.

SOUZA-PINTO (José de). Né à Ferceira (Açores). (Portugais.)

 635. *Ramasseurs de pommes de terre.*
         H., 0m67 ; L., 0m82.

ZULOAGA (Ignacio). Né à Eibar (Guipuscoa).
 636. *Portraits.*   H., 2m10 ; L., 1m67.
 637. *La naine, Dona Mercédès.*
         H., 1m75 ; L., 1m11.

ÉCOLE HOLLANDAISE

BRÏET (A.-H.-C.). Né à Java.
 638. *Jeune ménagère (Intérieur en Gueldre).*
         H., 0m75 ; L., 0m64.

GORTER (Arnold). Né à Almelo.
 639. *Chemin dans les Bruyères.*
         H., 1m40 ; L., 1m80.

JONGKIND (Johann-Barthold). Latdorp, 1819 ; La Côte Saint-André (Isère), 1891.
 640. *La Meuse à Dordrecht.* H., 0m25 ; L., 0m34.
  Légué par M. Lutz.

MESDAG (Hendrik-Willem). Né à Groningue.
 641. *Soleil couchant sur la mer.*
         H., 1m40 ; L., 1m80.

SOEST (L. van). Né à Java.
    642. *Matinée d'hiver.*   H., 0^{m}75; L., 1^{m}07.

STORM van s' GRAVESANDE (Charles). Né à Bréda.
    643. *Dordrecht.*   H., 0^{m}32; L., 0^{m}25.

TEN CATE (Siebe). Sneek, 1858 ; Paris, 1907.
    644. *Port du Havre, le soir.* H., 1^{m}08; L., 1^{m}42.

ZILCKEN (Philippe). Né à La Haye.
    645. *Le Pont-Neuf.*   H., 0^{m}27; L., 0^{m}37.

ÉCOLES D'ITALIE

BALESTRIERI (Lionello). Né à Cesona.
    646. *Liseuse.*   H., 0^{m}80; L., 0^{m}67.

BEZZI (Bartolommeo). Né à Fucine in Val di Solo.
    647. *Paysage.*   H., 0^{m}70; L., 1^{m}08.

BOLDINI (Giovanni). Né à Ferrare.
    648. *Portrait de Mme X...* H., 2^{m}00; L., 1^{m}00.
    Don de Mme Max.
    649. *Portrait de Mlle Jane Margyl.*
         H., 0^{m}36; L., 0^{m}27.

BRASS (Italico). Né à Goritz.
    650. *Les Baraques.*   H., 0^{m}90; L., 0^{m}74.

CARCANO (Filippo). Né à Milan.
    651. *Campagne d'Asiago.*   H., 1ᵐ43 ; L., 2ᵐ25.

CHIALIVA (Luigi). Né à Caslano (Tessin).
    652. *Gardeuses d'Oies.*   H., 0ᵐ76 ; L., 1ᵐ18.

CIARDI (Guglielmo). Né à Venise.
    653. *Le lac de Weissenfels.*   H., 0ᵐ37 ; L., 0ᵐ59.

CIARDI (Mlle Emma). Née à Venise.
    654. *Le Jardin des Muses.*   H., 1ᵐ12 ; L., 0ᵐ82.

FALCHETTI (Alberto). Né à Turin.
    655. *Ouragan en montagne.*   H., 1ᵐ15 ; L., 1ᵐ60.

FRAGIACOMO (Pietro). Né à Trieste.
    656. *Les Gondoles.*   H., 1ᵐ00 ; L., 1ᵐ70.

GRUBICY DI DRAGON (Vittore). Né à Milan.
    657. *Matin.*   H., 0ᵐ48 ; L., 0ᵐ41.

MANCINI (Antonio). Né à Rome.
    658. *Le petit Écolier.*   H., 1ᵐ30 ; L., 0ᵐ98.
    Don Ch. Landelle.
    659. *Nature morte : légumes.*   H., 0ᵐ30 ; L., 1ᵐ05.
    Legs Ch. Landelle.

MARIO DE MARIA dit MARIUS PICTOR. Né à Bologne.
    660. *Rosso di sera, bel tempo si spera.* (*Rouge du soir, de beau temps espoir.*) H., 0ᵐ72 ; L., 0ᵐ72.

MITI-ZANETTI (Giuseppe). Né à Modène.

    661. *Nocturne ; Chioggia.*   H., 0^{m}59 ; L., 0^{m}75.

MORBELLI (Angelo). Né à Alexandrie.

    662. *Un jour de fête à l'hospice Trivulzio ; Milan.*
                                            H., 0^{m}78 ; L., 1^{m}22.

NETTI (Francesco). Sant'Eremo in Colle (Bari), 1832 ; Naples, 1894.

    663. *Dames turques.*   H., 0^{m}53 ; L., 0^{m}27.

NITTIS (Joseph de). Barletta, 1846 ; Paris, 1884.

    664. *La place des Pyramides.*   H., 0^{m}96 ; L., 0^{m}70.
        Don de l'auteur.
    665. *La place du Carrousel.*   H., 0^{m}47 ; L., 0^{m}62.

NONO (Luigi). Né à Fusina.

    666. *Prima pioggia (Première pluie).*
                                              H., 1^{m}37 ; L., 2^{m}02.

PASINI (Alberto). Bussetto, 1826 ; Turin, 1899.

    Études d'Orient :

    667. *Fenêtre ; Émail vert.*   H., 0^{m}35 ; L., 0^{m}27.
    668. *Pescembé-Bazar.*   H., 0^{m}35 ; L., 0^{m}27.
    669. *Maison rouge à Stamboul.* H., 0^{m}35 ; L., 0^{m}27.

PELLIZZA (Giuseppe). Volpedo, 1868-1907.

    670. *Fior reciso (Fleur brisée).* H., 0^{m}89 ; L., 1^{m}04.

ROMANI (Mlle Juana). Née à Velletri.
   671. *Salomé.*   H., 1 m 30 ; L., 1 m 70.

SARTORELLI (Francesco). Né à Cornuda.
   672. *Venise ; le Port.*   H., 1 m 35 ; L., 1 m 90.

SCATTOLA (Ferruccio). Né à Venise.
   673. *Nocturne à San Gimignano.*
                               H., 0 m 84 ; L., 1 m 15.

TITO (Ettore). Né à Castellamare di Stabia.
   674. *Chioggia.*   H., 0 m 45 ; L., 0 m 63.
   675. *Le Bain.*   H., 1 m 09 ; L., 0 m 90.

ÉCOLE RUSSE

BASHKIRTSEFF (Mlle Marie). Poltava, 1860 ; Paris, 1884.
   676. *Le Meeting.*   H., 1 m 90 ; L., 1 m 75.

GAY (Nicolas). Saint-Pétersbourg, 1831-1894.
   677. *Le Calvaire.*   H., 2 m 80 ; L., 2 m 25.

KOROCHANSKY (Michel). Né à Odessa.
   678. *Coin de rivière.*   H., 1 m 05 ; L., 1 m 50.
   Don de M. le baron Edmond de Rothschild.

PASTERNAC (Léonide). Né à Moscou.
   679. *La veille de l'Examen.* H., 0 m 39 ; L., 0 m 55.

ÉCOLES SCANDINAVES : DANEMARK, SUÈDE, NORVÈGE, FINLANDE

ACHEN (Georg). Né à Frederiksünd (Danemark).
    680. *Intérieur.*   H., 0m67 ; L., 0m49.

ILSTED (Peter). Né à Saxhjobing (Danemark).
    681. *Intérieur.*   H., 0m70 ; L., 0m70.

KRÖYER (Peter-Séverin). Stavanger, 1851 ; Skagen (Danemark), 1909.
    682. *Bateaux de pêche.*   H., 1m90 ; L., 2m74.
    Don de M. Albert Besnard.

LUND (Niels-Moller). Né à Faaborg (Danemark).
    683. *Paysage écossais.*   H., 1m25 ; L., 1m85.

PAULSEN (Julius). Né à Odense (Danemark).
    684. *Intérieur.*   H., 0m48 ; L., 0m43.

HAGBORG (Auguste). Né à Gotenburg (Suède).
    685. *Intérieur dalécarlien.*   H., 0m50 ; L., 0m60.

SALMSON (Hugo). Stockholm (Suède), 1843-1908.
    686. *A la barrière de Dalby ; Skane (Suède).*
         H., 0m91 ; L., 0m81.

WAHLBERG (Alfred). Stockholm (Suède), 1834 ; Paris, 1906.

    687. *Vue de la côte de Suède prise de la côte de Danemark.*   H., 0m43 ; L., 0m74.

ZORN (Anders). Né à Mora.

    688. *Le Pêcheur.*   H., 1m28 ; L., 0m86.

    689. *Paysanne nue se peignant.*
        H., 0m90 ; L., 0m60.

GRIMELUND (Johannes-Martin). Né à Christiania.

    690. *Maison de pêcheurs à Svolvoer Lofoden (Norvège).*
        H., 0m45 ; L., 0m64.

SKREDSVIG (Christian). Né à Modum (Norvège).

    691. *Villa Bacciocchi, Ajaccio (Jour d'hiver).*
        H., 1m05 ; L., 2m55.

SMITH-HALD (Frithjof). Né à Christiania.

    692. *Le vieux Filet.*   H., 1m32 ; L., 1m99.

STRÖM (Halfdan). Né à Christiania.

    693. *Jeune mère.*   H., 1m19 ; L., 0m94.

THAULOW (Fritz). Christiania, 1847 ; Volendam (Pays-Bas), 1906.

    694. *Un jour d'hiver en Norvège.*
        H., 0m98 ; L., 1m59.

WENTZEL (Gustav). Né à Christiania.

    695. *Enterrement d'un marin.* H., 1 m 49 ; L., 2 m 30.

EDELFELT (Albert). Helsingfors (Finlande), 1854 ; Borgo, 1905.

    696. *Service divin au bord de la mer.*

                                           H., 1 m 22 ; L., 1 m 78.

ÉCOLE SUISSE

BAUD-BOVY (Auguste). Genève, 1848 ; Davos, 1899.

    697. *Sérénité.*   H., 0 m 90 ; L., 1 m 17.

BODMER (Karl). Zurich, 1809 ; Chailly (Seine-et-Marne), 1893.

    698. *Intérieur de forêt pendant l'hiver.*

                                           H., 0 m 82 ; L., 1 m 01.

BURNAND (Eugène). Né à Moudon.

    699. *Les Disciples.*   H., 0 m 82 ; L., 1 m 45.

GIRARDET (Eugène). Paris, 1853-1907.

    700. *Marchand de café arabe.* H., 0 m 33 ; L., 0 m 23.

GOS (Albert). Né à Genève.

    701. *Le Breithorn, vu de Zermatt.*

                                           H., 0 m 38 ; L., 0 m 55.

STENGELIN (Alphonse). Né à Lyon de parents suisses.
   702. *Soleil couchant sur la Mer du Nord.*
                                    H., 1m12; L., 1m20.

ÉCOLE DE TURQUIE

ZACHARIAN (Zacharie). Né à Constantinople.
   703. *Verre d'eau et figues.*   H., 0m27; L., 0m36.
   704. *Melons d'Espagne.*   H., 0m46; L., 0m56.

PASTELS ET AQUARELLES

ACTUELLEMENT EXPOSÉS AVEC LES PEINTURES

AMAN-JEAN (Edmond). Voir Peinture.

    705. *Tête de jeune femme couchée*, étude. Pastel.

                                     H., 0^{m}61; L., 0^{m}50.

  Legs Maciet.

BESNARD (Albert). V. Peinture.

    706. *Alphonse Legros*, aquarelle.

                                     H., 1^{m}19; L., 1^{m}18.

    707. *Jeune femme en buste, les seins nus*, pastel.

                                     H., 0^{m}55; L., 0^{m}37.

  Legs Maciet.

    708. *Tête de jeune femme*, aquarelle.

                                     H., 0^{m}55; L., 0^{m}73.

  Legs Maciet.

    709. *Femmes au bord de la mer*, aquarelle.

                                     H., 0^{m}55; L., 0^{m}75.

  Legs Maciet.

CASSATT (Mlle Mary). Née à Pittsburg (Américaine).

    710. *Mère et enfant*, pastel. H., 0^{m}55; L., 0^{m}45.

CLAIRIN (Georges).

   711. *Cimetière arabe*, aquarelle.

$$H., 0^m 55 ; L., 0^m 38.$$

DEGAS (Edgar). Né à Paris.

   712. *Danseuse sur la scène,* pastel.

$$H., 0^m 58 ; L., 0^m 42.$$

   713. *Danseuse nouant son brodequin.*

$$H., 0^m 62 ; L., 0^m 49.$$

   714. *Un café Boulevard Montmartre.*

$$H., 0^m 42 ; L., 0^m 60.$$

   715. *Les Figurants.* $H., 0^m 29 ; L., 0^m 30.$

   716. *Femme au bain.* $H., 0^m 20 ; L., 0^m 25.$

   717. *Chanteuse,* étude. $H., 0^m 58 ; L., 0^m 44.$

   718. *Femme nue, accroupie, de dos.*

$$H., 0^m 18 ; L., 0^m 13.$$

   Legs Caillebotte.

FANTIN-LATOUR (Henri). V. Peinture.

   719. *L'or du Rhin*, pastel.

$$H., 0^m 52 ; L., 0^m 35.$$

   Don de l'auteur.

FAUX-FROIDURE (Mme Eugénie). Née à Noyon.

   720. *Fleurs dans un étain*, aquarelle.

$$H., 0^m 57 ; L., 0^m 38.$$

FILLIARD (Ernest). Né à Chambéry.

   721. *Fleurs.* $H., 0^m 70 ; L., 0^m 56.$

GILBERT (René). Né à Paris.

    722. Mme *Segond-Weber, de la Comédie-Française,* pastel.   H., 1 m 63 ; L., 1 m 05.

    723. *Léon Dierx.* Pastel.   H., 1 m 45 ; L., 1 m 14.

IWILL (Marie-Joseph). Né à Paris.

    724. *Avant l'orage,* pastel.   H., 0 m 53 ; L., 0 m 92.

LÉANDRE (Charles). Né à Champsecret.

    725. *Portrait de G. Courteline.*
                                       H., 1 m 15 ; L., 0 m 73.

LHEVY-DHURMER (Lucien). Né à Alger.

    726. *Portrait de Georges Rodenbach,* pastel.
                                       H., 0 m 35 ; L., 0 m 54.

    727. *Aveugles (Maroc)* ; pastel.
                                       H., 0 m 47 ; L., 0 m 66.

MENARD (René). Voir Peinture.

    728. *Nu dans un intérieur.*   H., 0 m 73 ; L., 0 m 56.

MILCENDEAU (Charles). Né à Soullans (Vendée).

    729. *La mère et les deux enfants,* pastel.
                                   H., 0 m 90 ; L., 0 m 72.

MOREAU (Gustave). Voir Peinture.

    730. *L'apparition.*   H., 1 m 05 ; L., 0 m 72.

    731. *Phaéton.*   H., 0 m 98 ; L., 0 m 63.

    732. *Le jeune homme et la Mort.*
                                     H., 0 m 32 ; L., 0 m 18.

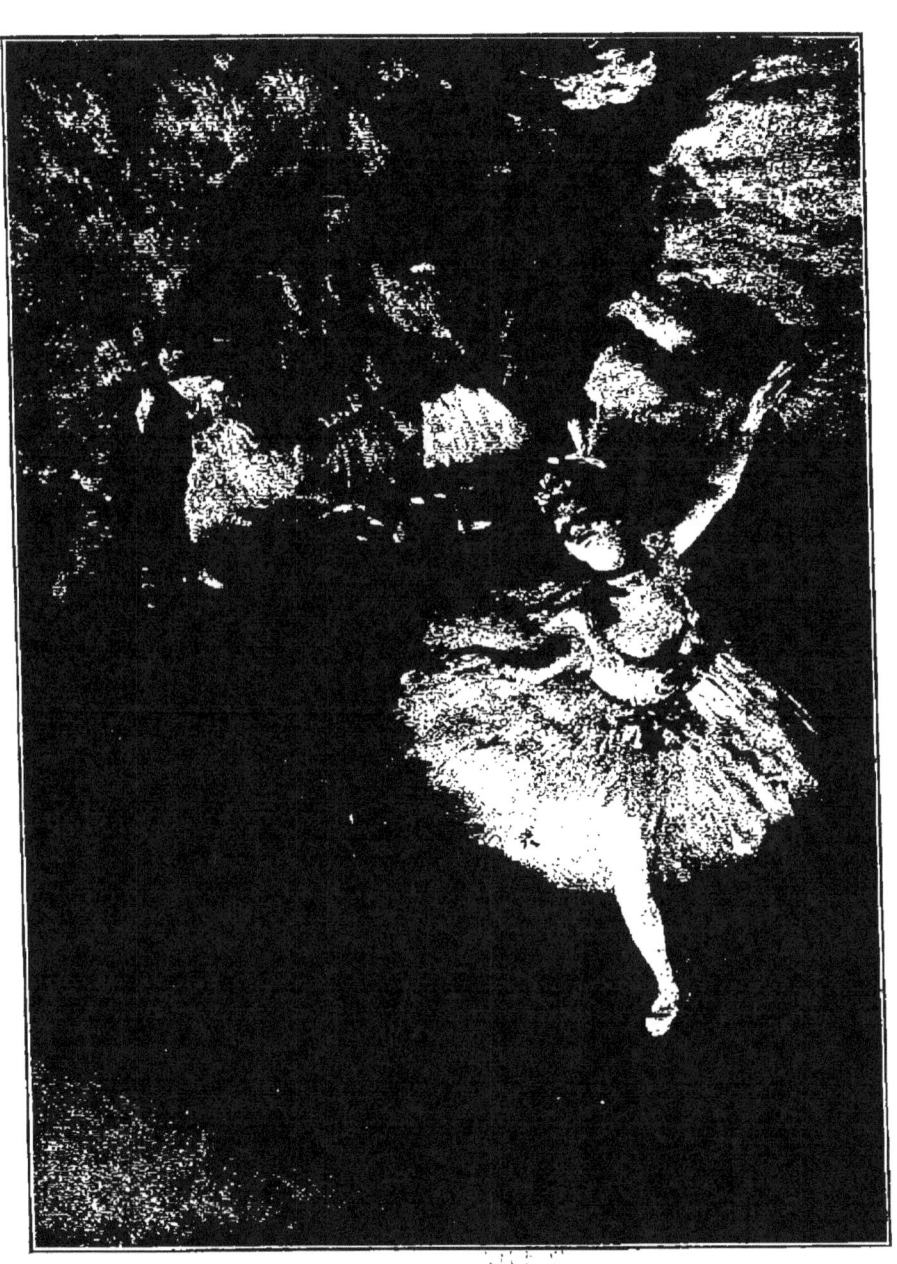

712. DEGAS. — *Danseuse sur la scène*.

733. *Œdipe et le Sphinx.* H., 0m 35 ; L., 0m 18.
734. *L'Amour et les Muses.* H., 0m 16 ; L., 0m 23.
735. *Salomé.* H., 0m 32 ; L., 0m 20.
736. *La plainte du poète* H., 0m 29 ; L., 0m 18.
737. *Venise.* H., 0m 22 ; L., 0m 34.
738. *La Péri.* H., 0m 46 ; L., 0m 42.
739. *Samson et Dalila.* H., 0m 22 ; L., 0m 16.
740. *David et Bethsabée.* H., 0m 59 ; L., 0m 41.
741. *Pietà.* H., 0m 21 ; L., 0m 15.

14 aquarelles ; don Charles Hayem.

PRUNIER (Gaston). Né au Havre.

742. *En pays de montagnes*, aquarelle.
H., 0m 50 ; L., 0m 65.

ROLL (Alfred). Voir Peinture.

743. *Étude de jeune fille*, pastel.
H., 0m 71 ; L., 0m 56.

SIGNAC (Paul). Né à Paris.

744. *Venise*, aquarelle. H., 0m 26, L., 0m 41.

THEVENOT (François). Né à Paris.

745. *Portrait de Mlle X...*, pastel.
H., 1m 25 ; L., 1m 00.

SCULPTURE

I. ÉCOLE FRANÇAISE

AIZELIN (Eugène). Paris, 1821-1902.
    746. *Agar et Ismaël*, groupe marbre.
    747. *Judith*, bronze.

ALLAR (André). Né à Toulon (Var).
    748. *La mort d'Alceste*, groupe marbre.

ALLOUARD (Henri), né à Paris.
    749. *Loin du monde*, marbre noir et pierre.
    750. *Femme foulah*, figurine bronze et matières diverses.

ASTRUC (Zacharie).
    751. *Barbey d'Aurevilly* ; à mi-corps, bronze.

AUBÉ (Jean-Paul). Né à Longwy.
    752. *Buste de Mlle Aubé*, terre cuite.

BAFFIER (Jean). Né à Neuvy-le-Barrois.
    753. *Saint Jean-Baptiste*, tête marbre.

BAREAU (Georges). Né à Paimbœuf.

   754. *Le réveil de l'Humanité*, marbre, pl. gr. que nat.
   755. *Buste de femme*, marbre.

BARRIAS (Ernest). Paris, 1841-1905.

   756. *Jeune fille de Mégare*, marbre.
   757. *Mozart enfant*, bronze.
   758. *La Nature se dévoilant*, marbres polychromes.

BARTHÉLEMY (Raymond). Toulouse, 1833 ; Paris, 1902.

   759. *Jeune femme jouant avec un chevreau*, bronze.

BARTHOLOMÉ (Albert). Né à Thiverval.

   760. *Petite fille pleurant*, bronze.
   761. *Portrait de Mme A. Bartholomé*, à mi-corps, marbre.

BECQUET (Just). Besançon, 1829 ; Paris, 1907.

   762. *Ismaël*, marbre.
   763. *Saint Sébastien*, marbre.

BESNARD (Mme Charlotte). Née à Paris.

   764. *Portrait de Mme Aman-Jean*, buste terre cuite.
   Legs Maciet.

BIGOT (Raymond). Né à Orbec (Calvados).

   765. *Dindon*, bois.

BLOCH (Armand). Né à Montbéliard.

    766. *Martyre*, figure couchée en bois.
    767. *Masque de A. Lunois*, bois.

BLONDAT (Max). Né à Crain (Yonne).

    768. *Amour*, marbre.

BOISSEAU. Né à Varzy (Nièvre).

    769. *Diogène*, marbre.

BOUCHARD (Henri). Né à Dijon.

    770. *Débardeur*, figurine bronze.
    771. *Piocheur bourguignon*, figurine bronze.

BOUCHER (Alfred). Né à Nogent-sur-Marne (Aube).

    772. *Le repos*, statue couchée marbre.
    773. *Aux champs*, haut relief marbre.
    774. *Buste de M. Antonin Dubost, Président du Sénat*, bronze.

BOURDELLE (Émile). Né à Montauban.

    775. *Beethoven*, tête bronze.
    776. *Hercule*, tête bronze.

CAIN (Auguste). Paris, 1822-1894.

    777. *Vautour fauve sur une tête de Sphinx*, groupe bronze.

CARLÈS (Antonin). Né à Gimart (Gers).

    778. *La Jeunesse*, marbre.
    779. *Abel*, statue couchée marbre.
    780. *Bacchus*, bronze, demi-nature.

CARLIER (Émile). Né à Cambrai (Nord).

    781. *Gilliatt*, groupe marbre.

CARRIÈS (Jean). Lyon, 1855; Paris, 1894.

    782. *Charles Ier*, tête bronze.

CAZIN (Jean-Charles). Voir Peinture.

    783. *Femme de pêcheur*, masque bronze.

CAZIN (Mme Marie). Née à Paimbœuf (L.-Inf.).

    784. *David*, buste bronze.
    785. *Jeunes filles* à mi-corps, bronze.

CHARPENTIER (Alexandre). Paris, 1856-1909.

    786. *Narcisse*, statue en grès.
    787. *Tête de jeune fille*, terre cuite.

CHARPENTIER (Félix). Né à Bolène (Vaucluse).

    788. *Illusion*, marbre.
    789. *La bello matinado*, marbre.
    790. *Improvisateur*, bronze.

CHRISTOPHE (Ernest). Loches (I.-&-L.), 1827 ; Paris, 1892.

791. *La Fatalité*, groupe bronze.
792. *Le baiser suprême*, groupe marbre.

CONVERS (Louis). Né à Paris.

793. *La Source*, figure couchée marbre.

CORDIER (Charles). Cambrai (Nord), 1827 ; Alger, 1905.

794. *Buste de nègre du Soudan*, bronze et marbres divers.
795. *Buste de négresse des Colonies*, bronze et marbres divers.

CORDIER (Henri). Né à Paris.

796. *Taureau des Domaines de l'État*, figurine bronze.

CORDONNIER (Alphonse). Né à La Madeleine-lès-Lille.

797. *Sur le pavé*, groupe marbre.

COUTAN (Jules). Né à Paris.

798. *Eros*, marbre.

CRAUK (Gustave). Valenciennes, 1827 ; Meudon, 1905.

799. *La Jeunesse et l'Amour*, marbre.

CROS (Henri). Narbonne, 1840 ; Sèvres, 1907.

    800. *Incantation*, bas-relief, pâte de verre colorée.
    801. *Corinthe*, masque en pâte verre colorée.
    802. *L'Eau ; fontaine murale,* bas-relief, pâte de verre colorée.

DAGONET (Ernest). Né à Châlons-sur-Marne.

    803. *Ève*, statue assise, marbre.

DALOU (Jules). Paris, 1838-1902.

    804. *Lavoisier*, modèle de la statue du Grand Amphithéâtre de la Sorbonne. Bronze, demi-nature.
    805. *Le Travail*, bronze.
    806. *Buste de Mlle Dalou*, bronze.
    807. *Amour et guirlandes*, vase en grosse porcelaine de Sèvres.
    808. *Le triomphe de Silène*, groupe bronze. (Placé dans le jardin.)

DAMPT (Jean). Né à Vénarey (Côte-d'Or).

    809. *Saint Jean enfant*, marbre.
    810. *Le baiser de l'aïeule*, groupe en buste, marbre.
    811. *Cavalier marocain*, figurine bronze.

DAUMIER (Honoré). Marseille, 1808 ; Valmandois, 1879.

    812. *Ratapoil*, figurine bronze.

DEJEAN (Louis). Né à Paris.

    813. *Parisienne*, figurine bronze.

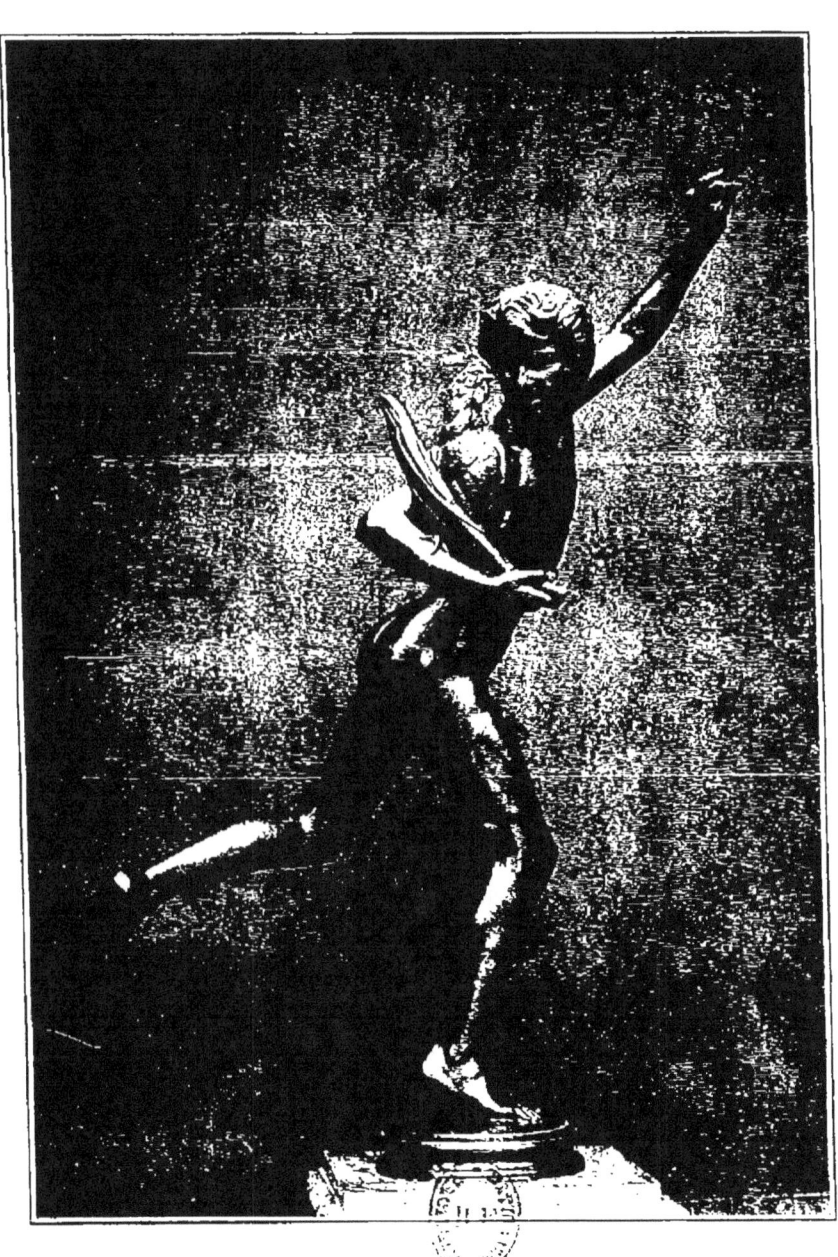

829. Alexandre FALGUIÈRE. — *Un vainqueur au combat de coqs* (bronze).

DELAPLANCHE (Eugène). Paris, 1836-1890.

 814. *Ève avant le péché*, statue assise, marbre.
 815. *La Vierge au lys*, marbre.
 816. *L'Aurore*, marbre.
 817. *Buste de Mme Delaplanche*, marbre.

DELBET (Dr Pierre). Né à Paris.

 818. *Douleur*, figurine bronze.

DESBOIS (Jules). Né à Parcey (M.-et-L.).

 819. *Léda*, groupe marbre.

DESCA (Edmond). Né à Vic-en-Bigorre.

 820. *Nos aïeules*, buste groupé, pierre.

DESPIAU (Charles). Né à Mont-de-Marsan.

 821. *Buste de jeune fille*, bronze.

DUBOIS (Ernest). Né à Dieppe.

 822. *Le Pardon*, groupe marbre.

DUBOIS (Paul). Nogent-sur-Seine, 1829 ; Paris, 1905.

 823. *Saint Jean-Baptiste enfant*, bronze.
 824. *Chanteur florentin*, bronze argenté.
 825. *Narcisse*, marbre.
 826. *Le Souvenir*, groupe bronze.

DUMONTET (Mme Gabrielle). Née à Bourg-sur-Gironde.

 827. *Triboulet enfant*, buste marbre.

FALGUIÈRE (Alexandre). Toulouse, 1831 ; Paris, 1900.

    828. *Tarcisius*, statue couchée, marbre.
    829. *Un vainqueur au combat de coqs*, bronze.
    830. *Buste de Mme la Baronne Daumesnil*, marbre.
        Don de Mme la Vicomtesse de Clairval.

FALIZE (Lucien). Voir **MOREAU-VAUTHIER.**

FRANCESCHI (Jules). Bar-sur-Aube, 1825 ; Paris, 1893.

    831. *La Fortune*, marbre.

FREMIET (Emmanuel). Paris, 1824-1910.

    832. *Chien blessé*, bronze.
    833. *Pan et Ours*, groupe marbre.
    834. *Saint Georges*, petit groupe bronze doré.
                                        H., 0^{m}50.

GARDET (Georges). Né à Paris.

    835. *Panthères*, groupe marbre.
    836. *Perruches inséparables*, petit groupe en onyx du Brésil.

GASQ (Paul). Né à Dijon.

    837. *Héro et Léandre*, haut-relief, marbre.

GAUDISSART (Émile). Né à Alger.

    838. *Printemps*, marbre.
    839. *Femme mauresque d'Alger*, figurine bronze.

GAUTHERIN (Jean). Auroux (Nièvre), 1840 ; Paris, 1890.

840. *Portrait de M*^{me} *Jean Gautherin*, buste marbre.

GÉROME (Léon). Vesoul, 1824 ; Paris, 1904.

841. *Tanagra*, statue assise, marbre teinté.
842. *Sarah Bernhardt*, buste marbre teinté.
Légué par l'auteur.
843. *Bonaparte ; entrée au Caire*, petite figure équestre, bronze doré.

GRÉBER (Henri). Né à Beauvais.

844. *Le Grisou*, marbre.
845. *Narcisse*, fontaine marbre.
846. *Gérôme*, figurine, pierre lithographique.
847. *Frémiet*, figurine, pierre lithographique.

GRESLAND (Camille). Né à Paris.

848. *Amour*, petite figure bronze.

GUILLAUME (Eugène). Montbard (Côte-d'Or), 1822 ; Rome, 1905.

849. *Les Gracques*, groupe à mi-corps, bronze.
850. *Le Faucheur*, bronze.
851. *Anacréon*, marbre.
852. *Mgr Darboy*, buste marbre.

HANNAUX (Emmanuel). Né à Metz.

853. *Le Poète et la Sirène*, groupe marbre.

HIOLLE (Ernest). Valenciennes, 1833 ; Bois-le-Roi, 1887.
    854. *Arion assis sur le Dauphin*, groupe marbre.

HOUDAIN (André d'). Paris, 1860-1904.
    855. *La pesée*, groupe marbre.
    856. *Portraits*, bustes groupés, marbre.

HOUSSIN (Édouard). Né à Douai.
    857. *Phaéton*, bronze.

HUGUES (Jean). Né à Marseille.
    858. *Œdipe à Colonne*, groupe marbre.

IDRAC (Antoine). Toulouse, 1849; Paris, 1885.
    859. *Mercure inventant le caducée*, marbre.

INJALBERT (Antonin). Né à Béziers (Hérault).
    860. *Hippomène*, bronze.
    861. *La coupe des dieux*, marbre, demi-nature.
    862. *Faunesse jouant du biniou*, marbre, demi-nature.
    863. *Faune ivre*, bronze.

ISELIN (Henri). Clairegoutte (H.-Saône), 1826-1905.
    864. *Buste du Président Boileau*, marbre.

ITASSE (Adolphe). Né à Lourmarin (Vaucluse).
    865. *Hilaire Belloc*, buste marbre.

LAMI (Stanislas). Né à Paris.

    866. *Chien danois*, marbre gris.

LANDOWSKI (Paul-Maximilien). Né à Paris.

    867. *Le haleur*, buste bronze.

LANSON (Alfred). Orléans, 1836 ; Paris, 1898.

    868. *L'âge de fer*, groupe marbre ; plus grand que nature.

LANTÉRI (Édouard). Né à Auxerre.

    869. *Paysan anglais*, buste bronze.

    Don de Alph. Legros.

LARCHE (Raoul). Saint-Mandé-de-Cubzac, 1860 ; Paris, 1912.

    870. *Les violettes*, marbre.

LECOURTIER (Prosper). Né à Gremilly.

    871. *Chienne danoise allaitant ses petits*, groupe marbre.

LEFEBVRE (Hippolyte). Né à Lille.

    872. *Jeunes aveugles*, groupe marbre.

LEFÈVRE (Camille). Né à Paris.

    873. *Tête de femme*, bronze.

LEGROS (Alphonse). Voir Peinture.

    874. *Masque de jeune fille,* bronze.
    875. *Torse de jeune fille,* figurine bronze.

LEMAIRE (Hector). Né à Lille.

    876. *Le Matin,* statue assise, marbre.

LENOIR (Alfred). Né à Paris.

    877. *Saint Jean enfant,* buste marbre.
    878. *Buste de jeune fille,* marbre.

LÉONARD (Agathon). Né à Lille.

    879. *Adolescence,* buste marbre.

LEROUX (Étienne). Écouché (Orne), 1836-1906.

    880. *Marchande de violettes,* bronze.

LONGEPIED (Léon). Paris, 1849-1888.

    881. *Immortalité,* groupe marbre.

MANIGLIER (Henri-Charles). Paris, 1826.

    882. *Armurier du XVe siècle,* statue assise, bronze.

MARQUESTE (Laurent). Né à Toulouse.

    883. *Cupidon,* marbre.
    884. *Galathée,* marbre.
    885. *Persée et la Gorgone,* groupe marbre.

MASSOULE (André). Paris, 1851-1901.
    886. *Naïade*, figurine couchée, marbre.

MATHURIN-MOREAU (Moreau Mathurin dit). Dijon, 1822 ; Paris, 1911.
    887. *Fileuse*, marbre.

MERCIÉ (Antonin). Né à Toulouse.
    888. *David*, bronze.
    889. *Le Souvenir*, haut relief, marbre.

MICHEL (Gustave). Né à Paris.
    890. *La Pensée*, marbre.
    891. *Dans le Rêve*, marbre.

MOREAU-VAUTHIER (Augustin). Paris, 1831-1893.
    892. *Bacchante*, statue couchée, marbre.

MOREAU-VAUTHIER (sculpteur) et **FALIZE (Augustin)** (orfèvre), Paris, 1839-1899.
    893. *Gallia*, buste ivoire, marbre, émaux, fer forgé et damasquiné et matières précieuse ; demi-nature.

MOULIN (Hippolyte). Paris, 1832-1883.
    894. *Une trouvaille à Pompéi*, bronze.

MULOT (Albert). Né au Havre.
    895. *Au Cimetière d'El Kelar*, petit groupe bronze.

NAVELLIER (Édouard). Né à Paris.

    896. *Éléphant*, figurine bronze.
    897. *Cerf*, figurine bronze.

OCTOBRE (Jérémie A. D.). Né à Langle-sur-Langlin.

    898. *Nymphe*, marbre.

PAILLET (Charles). Né à Moulins-en-Gilbert.

    899. *Les deux amis*, petit groupe marbre gris.

PAULIN (Paul). Né à Chamalières (P.-de-D.).

    900. *Degas*, buste bronze.
    901. *Renoir*, buste bronze.
    902. *Claude Monet*, buste bronze.

PEINTE (Henri). Né à Cambrai.

    903. *Orphée endormant Cerbère*, groupe bronze.

PERRAULT-HARRY (Émile). Né à Paris.

    904. *Feneks, renards du Sahara*, groupe marbre.
    905. *Jeune éléphant*, figurine bronze.

PETER (Victor). Né à Paris.

    906. *Les deux amis*, petit groupe marbre.
    907. *Jeunes ours jouant*, petit groupe marbre gris.
    908. *Muse*, statue assise, marbre.
        Don de M. le Baron Edmond de Rothschild.

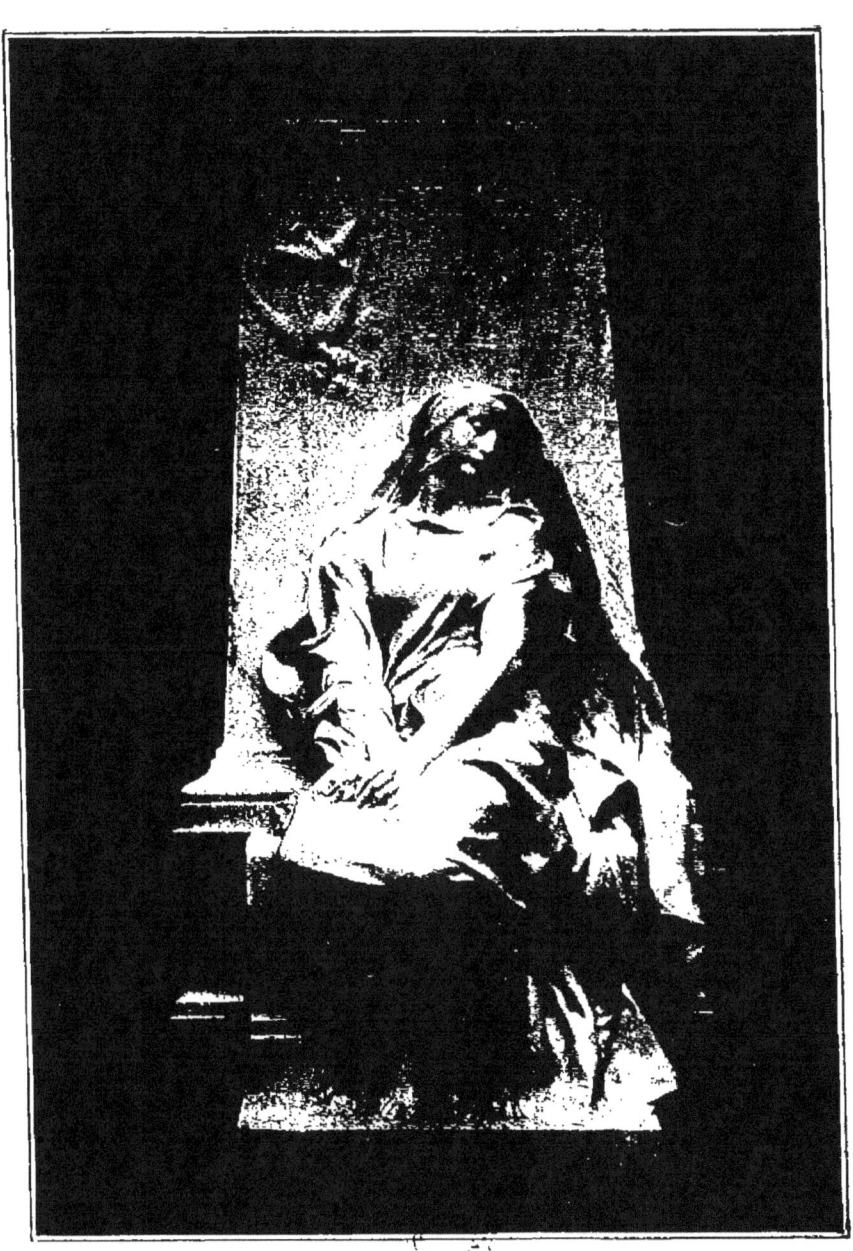

889. Antonin Mercié — Le Souvenir.

PEYNOT (Émile). Né à Villeneuve-sur-Yonne.

909. *Pro patria*, statue couchée, marbre.

POUPELET (Mlle Jane). Née à Clauzure.

910. *Jeune femme à sa toilette*, figurine bronze.

PUECH (Denys). Né à Ganemac (Aveyron).

911. *La Muse d'André Chénier*, marbre.
912. *La Sirène*, groupe marbre.
913. *Buste de Mlle Sorgues*, marbre.

RIVIÈRE (Théodore L. A.). Né à Toulouse.

914. *Ultimum feriens* (Gust. Flaubert : Salammbô), petit groupe, marbre et bronze.
915. *Salammbô chez Mathô* (G. Flaubert : Salammbô), petit groupe, bronze et ivoire.
916. *Les deux Douleurs*, groupe marbre.
917. *Brodeuse arabe*, figurine ivoire et matières diverses.
918. *Danseuse Siamoise*, figurine bronze.
919. *Messaline*, petit groupe bronze.
920. *L'As de pique*, figurine bronze.
921. *Phryné*, figurine bronze doré.
922. *Le retour du triomphe*, petit groupe bronze.
923. *La Sunnamite*, figurine ivoire, onyx et matières précieuses.

ROCHE (Pierre). Né à Paris.

924. *Mélusine*, petite figure plomb.

RODIN (Auguste). Né à Paris.

925. *L'Age d'airain*, bronze.
926. *Saint Jean-Baptiste*, bronze.
927. *Le Baiser*, groupe marbre.
928. *Femme accroupie*, bronze.
929. *Ève*, bronze.
930. *Danaïde*, figurine marbre.
931. *Cariatide*, figurine bronze.
932. *La Pensée*, tête marbre.
933. *L'homme au nez cassé*, masque bronze.
934. *Bellone*, buste bronze.
935. *La main de Dieu*, petit groupe bronze.
936. *La belle Heaulmière*, figurine bronze.
937. *Douleur*, tête, bronze.
938. *Le baiser*, bas-relief, bronze.
939. *Torse de jeune femme*, bronze.
940. *Tête coupée de saint Jean-Baptiste*, bronze.
941. *Sadda Yacco*, masque bronze.
942. *Masque de femme*, bronze.
943. *Buste de jeune femme*, marbre.
944. *Buste de femme*, marbre.
945. *Buste de femme*, bronze.
946. *Puvis de Chavannes*, buste bronze.
947. *Jean-Paul Laurens*, buste bronze.
948. *Falguière*, buste bronze.

949. *E. Guillaume*, buste bronze.
950. *Alphonse Legros*, buste bronze.
951. *Victor Hugo*, buste bronze, pl. gr. que nature.
952. *Rochefort*, buste bronze, pl. gr. que nature.
953. *Dalou*, buste bronze.
954. *Berthelot*, tête bronze.
955. *Gustave Geffroy*, tête bronze.
956. *George Wyndham*, buste bronze.
957. *Mrs. Hunter*, buste bronze.
958. *Le duc de Rohan*, buste bronze.
959. *Le compositeur Mahler*, tête bronze.
960. *Gentleman anglais*, buste bronze.
961. *Faune et nymphe*, petit groupe bronze.
961 bis. *M. Ryan*, buste bronze.

ROGER-BLOCHE (BLOCHE Roger dit). Né à Paris.

962. *L'Enfant*, groupe bronze.
963. *Le froid*, groupe bronze.
964. *Jeune fille d'Assise*, figurine bronze.
965. *Portrait de Léon Lhermitte*, figurine bronze.

SAINT-MARCEAUX (René). Né à Reims.

966. *La jeunesse de Dante*, statue assise, marbre.
967. *Génie gardant le secret de la tombe*, marbre.
968. *Buste de Dagnan-Bouveret*, bronze.

SALMSON (Jules). Paris, 1823; Coupvray (S.-et-M.), 1902.

969. *La dévideuse*, statue assise, bronze.

SCHNEGG (Lucien). Bordeaux, 1854 ; Paris, 1910.

    970. *Buste de jeune fille* (Mlle Poupelet, statuaire), marbre.

SEGOFFIN (Jean). Né à Toulouse.

    971. *Harpignies*, buste bronze.
    972. *Ziem*, buste bronze.
    973. *Bonnat*, buste bronze.

SICARD (François). Né à Tours.

    974. *Œdipe et le Sphinx*, petit groupe bronze.

STEINER (Léopold). Paris, 1859-1900.

    975. *Berger et Sylvain*, groupe bronze.

THEUNISSEN (Corneille-Henri). Né à Anzin.

    976. *Harpignies*, buste à mi-corps, bois.

THOMAS (Jules). Paris, 1824-1905.

    977. *Virgile*, marbre.
    978. *Adolescence*, bronze.

TURCAN (Jean). Arles, 1846 ; Paris, 1895.

    979. *L'Aveugle et le Paralytique*, groupe marbre, plus grand que nature.

VALLGREN (Vilé). Né en Finlande, naturalisé Français.

    980. *Misère*, figurine bronze.

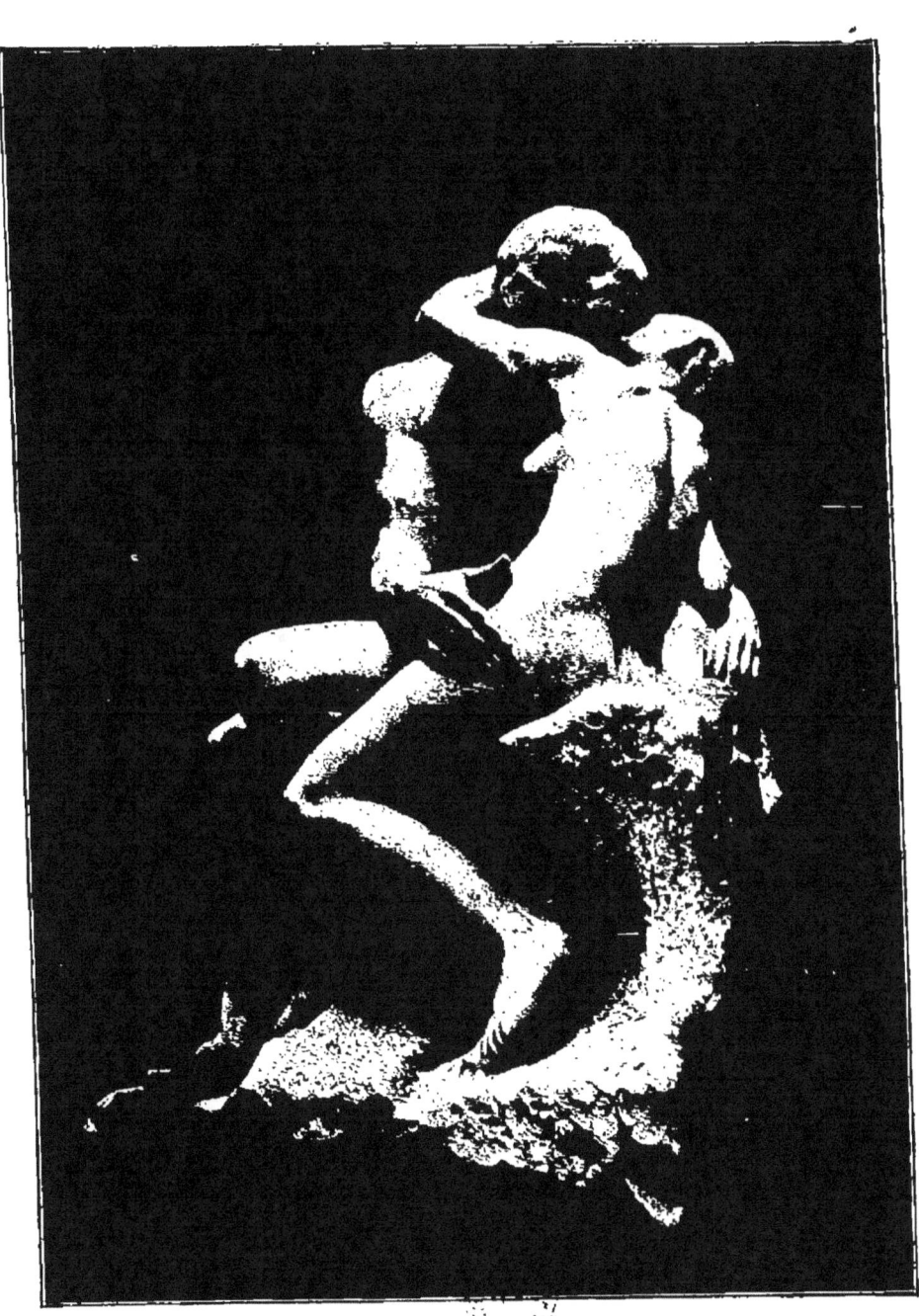

927. Auguste RODIN. — Le Baiser (groupe marbre).

VERLET (Raoul). Né à Angoulême.
- 981. *Tête d'enfant*, marbre.
- 982. *Portrait de Mme la Duchesse d'A.*, figurine, marbre jaune.
- 983. *La Fille prodigue*, groupe marbre.
- 984. *Lhermitte*, buste marbre.

VERMARE (André). Né à Lyon.
- 985. *Suzanne*, marbre.

VERNHES (Henri). Né à Besouls.
- 986. *Portrait de fillette*, buste cire colorée.
- 987. *Bretonne*, buste cire colorée.

II. ÉCOLES ÉTRANGÈRES[1]

BASHKIRTSEFF (Mlle Marie). (Russe). Voir Peinture.
- 988. *Étude de femme nue, demi-nature*, bronze.

BENLLIURE Y GILL (Mariano). Né à Valence (Espagnol).
- 989. *Primer tumbo*, petit groupe bronze.

BERNSTAMM (Léopold). Né à Riga (Russe).
- 990. *Gérôme à mi-corps*, bronze.

---

[1]. En raison du petit nombre de représentants pour chaque École, les Artistes n'ont pas été, ici, classés par nationalité ; mais leur origine est indiquée à la suite du nom.

991. *Coquelin cadet; dans « Le malade imaginaire »*, figurine bronze.

Don de Coquelin Cadet.

BUGATTI (Rembrandt). Né à Milan (Italien).

992. *Éléphant*, figurine bronze.

CHARLIER (Guillaume). Né à Ixelles-Bruxelles (Belge).

993. *Veuve bavaroise*, buste marbre.

CLARA (José). Né à Olot (Espagnol).

994. *Crépuscule*, figurine bronze.

DRURY (Alfred). (Anglais.)

995. *Buste de fillette*, bronze.

Don de A. Legros.

FONTANA (Carlo). Né à Rome (Italien).

996. *Porteur d'eau arabe*, figurine bronze.

GEMITO (Vincenzo). Né à Naples (Italien).

997. *Porteur d'eau*, figurine bronze.

HOETGER (Bernhardt). Né à Hoerde (Allemand).

998. *Torse de jeune fille*, figurine bronze.

LAGAE (Jules). Né à Roulers (Belge).

999. *Le poète belge Goffin*, buste bronze.

Don de M. H.-J. Laroche.

LAMBEAUX (Jef). Anvers, 1852 ; Bruxelles, 1908 (Belge).
   1000. *Cléôpatre,* buste marbre.
      Don de M. H.-J. Laroche.

LERCHE (Hans St.). Né à Dusseldorf (Norwégien).
   1001. *Silène,* petit buste bronze.

LOBACH (Walter). Né à Berlin (Allemand).
   1002. *Portrait de l'historien Mommsen,* figurine bronze.

MAC-MONNIES (Frederik). Né à Brooklyn (Américain).
   1003. *Bacchante,* groupe bronze.

MEUNIER (Constantin). Bruxelles, 1830-1905 (Belge).
   1004. *L'Industrie,* haut-relief bronze à mi-corps.
   1005. *Marteleur,* figurine bronze.
   1006. *Débardeur du port d'Anvers,* figurine bronze.
   1007. *La glèbe,* haut-relief bronze.
                         H., 0 ^{m} 45 : L., 0 ^{m}45.
   1008. *Puddleurs,* haut-relief bronze.
                          H., 0 ^{m} 50; L., 0 ^{m}50.

MINNE (Georges). (Belge.)
   1009. *Porteur d'eau,* figurine bronze.
      Don de M. H.-J. Laroche.

RECHBERG (Arnold). Né à Hersfeld (Allemagne).. (Allemand.)
   1010. *Le Destin,* buste marbre.

ROSSO (Medardo). (Italien.)

    1011. *L'enfant* (*impression*), masque plâtre teinté.

SAINT-GAUDENS (Augustus). Dublin, 1848 ; Cornish (New Hampshire E. U.), 1907. (Américain.)

    1012. *Amor, Caritas,* haut-relief, bronze.

SAMUEL (Charles). Né à Bruxelles (Belge).

    1013. *Buste de Charles Hayem*, bronze.

    Don de Mme Ch. Hayem.

SWAN (John M.). (Anglais.)

    1014. *Lionne buvant*, figurine bronze.

TRENTACOSTE (Domenico). Né à Palerme (Italien).

    1015. *Le Semeur*, bronze.

TOURGUENEFF (Pierre-Nicolas). Paris, 1854-1912 (Russe).

    1016. *Chevaux de halage*, figurine bronze.

TROUBETZKOI (Prince Paul). Né à Intra (Italie). (Russe.)

    1017. *Tolstoï*, petite figure équestre, bronze.
    1018. *Alexandre III*, petite figure équestre, bronze.
    1019. *Jeune femme assise*, petite figure bronze.

VAN BIESBROECK (Jules). Né à Portici (Italie). (Belge.)

    1020. « *Le peuple le pleure* », fragment du monument Volders, au cimetière d'Evres-lès-Bruxelles, groupe bronze.

VIGNE (Paul de). Gand, 1843 ; Bruxelles, 1901 (Belge).
   1021. *L'Immortalité*, buste bronze argenté.
      Don de M. H.-J. Laroche.

WARD (Herbert). Né à Londres (Anglais).
   1022. *Tête de nègre du Soudan*, bronze.
   1023. *Tête de négresse du Soudan*, bronze.

WITTIG (Édouard). Né à Varsovie (Polonais).
   1024. *Sphinx*, statuette bronze.

TABLE DES MATIÈRES

	Pages
Avertissement	3
Introduction	5
Catalogue Peinture. École française	11
— — École allemande et autrichienne	57
— — École américaine	58
— — École britannique	62
— — École belge	65
— — Écoles d'Espagne et de Portugal	68
— — École hollandaise	69
— — École d'Italie	70
— — École russe	73
— — Écoles scandinaves	74
— — École suisse	76
— — École de Turquie	77
Catalogue Pastels-Aquarelles	78
Catalogue Sculpture. École française	83
— — Écoles étrangères	101

Gaston BRAUN

ÉDITEUR OFFICIEL DES MUSÉES NATIONAUX

18, Rue Louis-le-Grand, 18

(Avenue de l'Opéra)

PARIS

—————»»»x«««————

Publications officielles et non officielles

sur les Musées Nationaux

Catalogues — Guides

Notices concernant le Louvre, les Musées du Luxembourg,

de Cluny, de Versailles, de Saint-Germain

et de Maisons-Laffitte.

———

Reproductions photographiques et cartes postales

MACON, PROTAT FRÈRES, IMPRIMEURS

MACON, PROTAT FRÈRES, IMPRIMEURS

www.ingramcontent.com/pod-product-compliance
Lightning Source LLC
Chambersburg PA
CBHW052301220526
45471CB00001B/431